C.H.BECK WISSEN

in der Beck'schen Reihe

Als die europäischen Orientalisten sich erstmals um 1800 mit dem Sufismus und dabei vor allem mit dem Phänomen der umherschweifenden, heulenden und tanzenden Derwische befaßten, schien es ihnen, als habe dieser sehr wenig mit dem Islam zu tun. Auch heute fasziniert viele westliche Beobachter gerade die scheinbare Ferne des Sufismus vom orthodoxen Gesetzesislam.

In der vorliegenden Darstellung zeigt Annemarie Schimmel hingegen, daß der Sufismus aus islamischen Wurzeln gewachsen ist, und beschreibt seine Entwicklung von der Entstehung im 8. Jahrhundert bis zu seinen heutigen Erscheinungsformen. Sie führt in die zentralen Begriffe der islamischen Mystik ein und schreitet die Stationen der Sufis auf ihrem Weg zur Gotteserkenntnis ab. Die bedeutendsten Sufi-Heiligen und ihre religiösen Praktiken werden ebenso vorgestellt wie die wichtigsten Werke der klassischen Sufiliteratur.

Annemarie Schimmel, geb. 1922, lehrte zuletzt als Professorin für Indo-Muslimische Kultur in Harvard und Bonn. Zahlreiche Auszeichnungen und Ehrendoktorate. Friedenspreis des Deutschen Buchhandels (1995). Ihre Publikationsliste umfaßt etwa 100 selbständige Veröffentlichungen, darunter zahlreiche Werke zur islamischen Mystik und Übersetzungen arabischer, persischer, türkischer und indomuslimischer Sufiliteratur. Bei C.H.Beck erschien u.a.: „'Attar. Vogelgespräche und andere klassische Texte“ (1999).

Annemarie Schimmel

SUFISMUS

Eine Einführung
in die islamische Mystik

Verlag C.H.Beck

Die erste Auflage dieses Buches erschien 2000.

2. Auflage. 2003

Originalausgabe

Gesamtherstellung: Druckerei C. H. Beck, Nördlingen
Umschlagabbildung: Das islamische Glaubensbekenntnis
als Mandala, inspiriert von einem Vers Dschalaladdin Rumis.
Entwurf: Annemarie Schimmel.
Ausführung: Ümran Schelling-Tezcan, 1998
Umschlagentwurf: Uwe Göbel, München
Printed in Germany
ISBN 3 406 46028 3

www.beck.de

Inhalt

Prolog

„Sufi" schrieb eine amerikanische Studentin in den Fragebogen, Spalte ‚Konfession', der für das Seminar in Religionsphänomenologie zwecks Statistik ausgelegt war. „Sufi?" fragte ich. „Was tun Sie denn da?" „Nun, wir tanzen Sufi-Tanz, und wir lesen Rumis Gedichte!" „Können Sie denn Persisch?" „Nein, wieso? Es gibt doch Rumi auf englisch!"

Nun, die philologisch getreue Übersetzung von Dschaladdin Rumis großem Lehrgedicht, dem *Mathnawī*, überträgt zwar den Inhalt korrekt und makellos, läßt aber kaum etwas von der Schönheit der Poesie ahnen; und bei den sehr freien Übertragungen auf Grund englischer Prosaübersetzungen wird oftmals der Sinn verbogen, die wunderbaren Wort- und Sinnspiele übergangen. Ich seufzte. „Haben Sie denn auch den Koran studiert?" fragte ich das Sufi-Mädchen. Sie sah mich ungläubig an: „Wieso? Wir sind doch Sufis, keine – wie sagt man – Mohammedaner ...!" Ich schüttelte den Kopf. „Ein Sufi ist aber ein muslimischer Mystiker!" erwiderte ich. „Ach nein, wir lieben alle Religionen. Es kommt doch nur auf die Liebe an ...!" sagte sie strahlend. Noch einmal versuchte ich es: „Was wissen Sie denn vom Propheten Muhammad?" Wie ich gefürchtet hatte, wußte sie gar nichts über ihn, der für jeden genuinen Sufi der Bezugspunkt seiner Initiationskette, der erste wahre Sufi überhaupt ist. Und so gab ich auf.

Aber was tun, wenn ein vielgelesener Schriftsteller kühn behauptet, daß Goethe, St. Franziskus, Napoleon und viele andere Sufis gewesen seien? Wie kann man da vom allgemeinen Publikum eine tiefere Kenntnis der Geschichte und des Wesens des Sufismus erwarten? Und in der Tat sind die Fragen, was Sufismus wirklich sei und wodurch sich ein Sufi auszeichne, kaum korrekt und allgemeingültig zu beantworten.

Einleitung

Der Sufismus ist, so eine Erklärungsmöglichkeit, die innere Dimension des Islam; aber er hat, wie jede mystische Strömung einer Weltreligion, ungezählte Facetten. Wenn man ihn beschreiben will, steht man bald vor einem blühenden Garten mit duftenden Rosen und klagenden Nachtigallen, die zu Symbolen für die göttliche Schönheit und die Sehnsucht der Seele werden, bald vor einer Wüste theoretischer, dem Uneingeweihten kaum verständlicher Abhandlungen in überaus kompliziertem Arabisch; dann wieder leuchten die eisigen Gipfel der höchsten theosophischen Weisheit in der Ferne auf, nur wenigen erreichbar. Der Sucher selbst verliert sich in einem bunten Markt volkstümlicher Sitten und Gebräuche, bevölkert von seltsamen Gestalten, deren Bewegungen und Worte oft von Drogen beeinflußt sind, oder aber er findet den Sufi, der das Herzensgebet übt, in der Stille einer abgelegenen Klause. Ein andermal tritt uns der Sufi als erfolgreicher Geschäftsmann entgegen, der seine Kraft für seine Arbeit aus den nächtlichen Meditationen empfängt, die ihn auf eine andere Ebene tragen ...

Wie kann man ein solches Phänomen recht beschreiben?

Dazu kommt noch folgendes: als die europäischen Orientalisten sich erstmals um 1800 mit dem Sufismus zu befassen begannen, und dabei vor allem die augenfälligen „Sufis", die umherschweifenden, heulenden, tanzenden Derwische beschrieben, schien es ihnen, als habe der Sufismus sehr wenig mit dem Islam zu tun, und vielleicht ist einer der Anziehungspunkte, die dieses Phänomen für den westlichen Leser oder Beobachter so faszinierend machen, gerade seine scheinbare Ferne vom Gesetzes-Islam. Die Tatsache, daß einige führende Sufis im Laufe der Jahrhunderte hingerichtet worden waren, bestärkte die Beobachter in ihrer Vorstellung einer Dichotomie zwischen dem „offiziellen", Schariʿa-gebundenen Islam und dem Sufismus, und man übersah, daß der echte Sufismus aus islamischen Wurzeln gewachsen ist.

„Der Sufi ist der gute Muslim“, schreibt William C. Chittick und folgt damit der alten Formulierung, daß „Sufismus ganz und gar rechtes Benehmen, gute Sitten“ sei. Jedoch: „Der Sufi ist jemand, der *nicht* ist“, lautet ein anderes altes Wort, das die Sufis sehr liebten, weil es treffend das Ziel des Mystikers andeutet, das auch mit dem schönen Ausdruck Meister Eckharts, *entwerden*, umschrieben werden kann. *Entwerden* in dem unbeschreiblichen göttlichen Wesen, so wie der Tropfen im Ozean, das war es, was viele der Sufis erhofften, aber sie wußten: der Weg ist lang und sehr schwierig, und nur wenige können hoffen, ihr Ziel zu erreichen, das sie in immer anderen Symbolen und wechselnden Metaphern im Laufe der Zeit ausgedrückt haben.

Unter den Sufis gibt es große einsame Meister, die in ständiger Abtötung den harten Weg zu gehen suchen; es gibt begnadete Lehrer, die es verstehen, Menschen anzuziehen und in die Geheimnisse des Glaubens und der Liebe einzuweihen; es gibt ungebildete simple Seelen, des Lesens und Schreibens nicht kundig, deren Ausstrahlung so stark ist, daß sie das Gnadengeheimnis wortlos dem Sucher einfach durch ihr Dasein und Sosein zeigen können. Es gab philosophisch-theosophisch geschulte Denker, die gewaltige Systeme erbauten, welche dann von späteren Generationen wieder vereinfacht und dabei oft verflacht wurden, und gottestrunkene Sänger, deren Lieder durch die Jahrhunderte erklungen sind, sei es in Nordafrika oder in Indien, in Anatolien oder Iran. Allen aber ist eines gemeinsam: die Suche nach dem höchsten Prinzip, ob man dieses nun als – wie Jacob Böhme sagen würde – „Ungrund“ der Gottheit bezeichnet oder als den göttlichen Geliebten, ob man sich der unvorstellbaren Schönheit in Liebesüberschwang naht oder die Manifestationen Gottes Ebene für Ebene zu durchschreiten und so die „Schleier der Unwissenheit“ zu heben versucht. Der Weg ist notwendig, und er ist lang und hart, selbst wenn es geschehen mag, daß die göttliche Gnade hin und wieder einen Sucher so anzieht, daß sie ihn in einem plötzlichen ekstatischen Erleben zur Vollendung bringt, wobei der Schock der Erleuchtung manchmal dazu führt, daß sich der Verstand umnachtet oder, wie es besser heißen sollte, „umtagt".

Nicht intellektuelles Wissen ist das letzte Ziel der Sufis, sondern existentielle Erfahrung; und wenn sie, die sich immer wieder daran zu erinnern suchten, daß Bücher nichts nützen, um das letzte Mysterium zu erfahren, auch ungezählte Bücher geschrieben haben, die oft nicht viel spannender sind als die von ihnen verachteten haarspalterischen juristischen und zum Teil auch theologischen Traktate, so wußten sie doch, daß es nicht auf die schwarzen Buchstaben ankam, sondern darauf, „das Weiße zwischen den Zeilen zu lesen", das heißt, den inneren Sinn der Worte, wie er von Generation zu Generation weitergegeben wurde, zu erfassen. Diese Haltung macht es für den wissenschaftlichen Erforscher des Sufismus schwer, korrekte Aussagen zu machen, da die dem Forscher bekannten „historischen" Fakten oft in der Überlieferung keine Rolle spielen: was gilt, ist die Botschaft des Sufismus.

1. Die Entwicklung des Sufismus

Für den Sufi ist, wie für jeden Muslim, das im Koran offenbarte Gotteswort Zentrum und Grundlage seines Lebens.

Der Koran, zwischen den Jahren 610 und 632 dem Propheten Muhammad zunächst in Mekka, dann in Medina offenbart und durch den dritten Kalifen 'Othman (644–656) in seiner jetzigen Form redigiert, ist für den Muslim das offenbarte unerschaffene Gotteswort, das von Ewigkeit zu Ewigkeit besteht und zur Zeit Muhammads in klarer arabischer Sprache niedergesandt wurde, um die vorhergehenden heiligen Bücher – Tora, Psalter und Evangelium – zu vollenden und ihre Irrtümer bzw. Fehlinterpretationen zu korrigieren. Teile aus den 114 Suren (Kapiteln) des Korans, die mit Ausnahme der 1. Sure, der *Fātiḥa* (Die Eröffnende) in absteigender Länge angeordnet worden sind, werden in den fünf täglichen Gebeten im arabischen Urtext rezitiert, und die *Fātiḥa* wird bei den Muslimen häufiger verwendet als das Vaterunser im Christentum; *Fātiḥa* wird geradezu zur Bezeichnung jedweder religiösen Handlung.

Muhammad, um 570 in der alten Handelsstadt Mekka geboren, wurde bei seinen Meditationen in der Höhle Hira nahe Mekka durch eine Offenbarung berufen, „zu rezitieren", und die Stimme des Offenbarenden – der als Gabriel, der Bringer der Gottesbotschaften an alle Propheten, identifiziert wurde, befahl ihm *„Iqra'!*, „Rezitiere – oder „lies" – im Namen deines Herrn ...!" (Anfang von Sure 96). Es war die Kaufmannswitwe Chadidscha, die ihren um einiges jüngeren vertrauenswürdigen Helfer Muhammad in zweiter Ehe geheiratet und ihm eine Reihe von Kindern geboren hatte, die ihm über seinen ersten Schock hinweghalf, den das unerwartete Erlebnis verursacht hatte: Sie bestätigte ihn in seinem Glauben an die Echtheit und göttliche Herkunft der Offenbarungen und stützte ihn auch, als die Offenbarungen eine Weile ausblieben, doch dann mit neuer Kraft einsetzten und von den Pflichten zur Nächstenliebe, zum Almosengeben und zum Glauben an den einen und einzigen Gott, Schöpfer, Erhalter und Herrn des Gerichtstages, sprachen – jenes Gerichtstages, auf den sich die Frömmigkeit so sehr konzentrieren sollte. Chadidscha starb 619; drei Jahre später wanderte Muhammad mit seinen Getreuen in das nördlich gelegene Yathrib (bald *madīnat an-nabī*, „Stadt des Propheten", Medina, genannt) aus, wo er sowohl religiöse als auch politische Funktionen übernahm und im Laufe der folgenden Jahre seine Macht konsolidierte, bis er 630 im Triumph in seine Heimatstadt einzog. Zwei Jahre später starb er in Medina. –

Der Koran ist das Zentrum des Islam; er ist das „buchgewordene Gotteswort", dessen Sprache für alle Gläubigen von staunenerregender Schönheit und daher unübersetzbar ist: Jede Übersetzung kann nur eine Annäherung an den Sinn des heiligen Buches geben, und im Gebet müssen seine Verse (*āyāt*, „Zeichen") auf arabisch rezitiert werden. Für den Sufi hatte jeder Vers, jedes Wort des Korans einen tieferen Sinn, und die Geschichte der Koranauslegungen in den verschiedenen Glaubensrichtungen und vor allem im Sufismus spiegelt im Grunde sämtliche möglichen religiösen Haltungen der Muslime wider. So ist die Kenntnis und rituelle Rezitation des Gotteswortes ein wichtiger Aspekt des Sufismus, und die größten Sufimeister haben immer wieder erstaunliche Schlüsse aus den heiligen Worten gezogen oder aber ihre Werke aus der Meditation des Korans verfaßt. Père P. Nwyia hat von einer „Koranisierung des Gedächtnisses" im frühen Sufismus gesprochen; denn durch die ständige tiefe Meditation des Korans sah der Sufi alles in der Welt gewissermaßen durch den Koran. Und war schon der gesamte Koran ein Zentrum frommen Lebens, so fanden die Sufis auch in einzelnen Versen besondere Botschaften, die für ihre Haltung und für ihr Leben grundlegend wurden – so die Aufforderung, Gottes häufig zu gedenken (Sure 33, 41), da „durch das Gedenken an Gott die Herzen stille werden" (Sure 13, 28); sie wußten, daß alles in der Welt ein Zeichen ist, das Gott „in den Horizonten und in den Seelen" gesetzt hat (Sure 41, 53) und dessen Betrachtung zu Gott, dem Schöpfer, führt; sie lernten, daß Gott zu Beginn der Welt die künftigen Menschen aus den Lenden des erstgeschaffenen Adam gezogen und zum Gehorsam verpflichtet hatte, indem Er sie ansprach: „Bin Ich nicht euer Herr?“ (Sure 7, 172). Und sie lernten ebenso, daß Er, den die Blicke nicht erreichen (Sure 6, 103), gleichzeitig dem Menschen näher ist als seine Halsschlagader (Sure 50, 16) und daß Ihm die schönsten Namen gehören (Sure 59, 24), ja, daß alles geschaffen ward, um Ihm zu dienen und Ihn anzubeten (Sure 51, 56).

Muhammad nun, der, wie es heißt, des Lesens und Schreibens unkundig, *ummī*, war (Sure 7, 157), war das reine Gefäß für das Gotteswort; im Sufismus genießt er eine besonders hohe Stellung und gilt als das eigentliche Ziel der Schöpfung. Der Koran lehrt, daß er die Reihe der vor ihm lebenden und lehrenden Propheten als „Siegel der Propheten“ abschließt (Sure 33, 40) und daß Gott und die Engel den Segen über ihn sprechen (Sure 33, 56); so wurden diese Segenssprüche, die *ṣalawāt-i scharīfa* oder, in Indien, *durūd*, zu einem wichtigen Teil der Erziehung, und in vielen Sufi-Bruderschaften ist diese Formel oder ein anderer Segensspruch für den Propheten unabdingbarer Teil des Lebens, den der Fromme je nach Anweisung täglich mehr oder minder häufig wiederholen wird. Ungezählte Handbücher frommer Erziehung enthalten die schönsten Formeln für die Prophetenverehrung; um das lebendig zu erfahren, genügt es, in Marrakesch am Grabe des großen Sufi al-Dschazuli (gest. 1495) der Rezitation der *dalā'il al-chairāt* zu lauschen, einer Sammlung von Anrufungen des Propheten und Segenssprüchen, die das Zentrum der religiösen Übungen der dortigen Sufis sind.

Muhammad, der nie behauptete, Wunder wirken zu können, da sein Beglaubigungswunder der Koran war, wird schon in früher Zeit von Wundergeschichten umgeben; Tiere und Pflanzen erkennen ihn als Propheten an, und alles, was schön ist, hängt nach islamischer Vorstellung in irgendeiner Weise mit ihm zusammen:

Du selbst bist schön, dein Nam' ist schön,
Muhammad!

singt der türkische Volksdichter Yunus Emre (gest. um 1321). Die Segensmacht des Propheten zeigt sich darin, daß der Name Muhammad in seinen verschiedenen Aussprachen (Mehmet, Muh, Mihammad u. ä.) eigentlich jedem muslimischen Knaben gegeben werden sollte, ebenso wie seine anderen Namen Ahmad, Mustafa und selbst die koranischen Suren-Namen *Ṭāhā* (Sure 20) und *Yāsīn* (Sure 36). Seine Schönheit manifestiert sich in allen Dingen: Ist nicht die duftende Rose aus den Schweißtropfen erwachsen, die während seiner Himmelsreise von ihm auf die Erde fielen?

Die Himmelsreise, *mi'rādsch*, des Propheten – aus Sure 17,1 entwickelt – wird für den Sufi das Vorbild für seine eigene Reise in die unmittelbare Nähe Gottes, und die islamischen Literaturen, vor allem die persisch-türkische Sufi-Dichtung, enthält die farbenreichsten Schilderungen dieses wunderbaren Erlebnisses, in dem der Sufi ein Vorbild für seinen himmelwärts führenden Weg sieht.

Andererseits wurden die Aussprüche des Propheten und die Berichte über seine Werke und Taten, *ḥadīth*, zur Richtschnur des praktischen Verhaltens der Muslime, und die Sufis standen ihren orthodoxen Kollegen nicht nach, wenn es sich um die Nachfolge des Propheten selbst in den kleinsten Einzelheiten des Rituals handelte:

> So versuchte der Schiraser Sufi Ibn-i Chafif (gest. 982 als Hundertjähriger), auf Grund eines *ḥadīth* das Pflichtgebet auf Zehenspitzen zu verrichten, „und das ist sehr schwer", wie er treuherzig hinzufügt. Doch der Prophet erschien ihm im Traume und sagte, dies sei nur für ihn selbst nötig; der Sufi solle sich nicht damit abquälen …

Neben den Sammlungen der prophetischen Überlieferungen findet man auch das sogenannte *ḥadīth qudsī*, ein außerkoranisches Gotteswort, und viele dieser Worte preisen den Propheten, wie etwa das *laulāk-ḥadīth*: „Wärest du nicht, so hätte Ich die Himmel nicht geschaffen", soll Gott gesagt haben, ebenso wie in späterer Zeit, etwa vom 12. Jahrhundert an, das angebliche Gotteswort *anā Aḥmad bilā mīm* (Ich bin

Ahmad [= Muhammad] ohne das *m*), d.i. *Aḥad* (Einer), im Ostteil der islamischen Welt unter den Sufis sehr beliebt wurde. Denn Muhammad wurde im Laufe der Zeit zum *insān kāmil,* dem Vollkommenen Menschen; das erste, was Gott geschaffen hatte, war sein Licht, und Sein Prophet ist gewissermaßen die Nahtstelle zwischen dem urewigen Gott und dem Geschaffenen. So hoch die Stellung Muhammads in der Mystik aber auch sein möge, der Gedanke einer Inkarnation wird im Islam strengstens abgelehnt. Der höchste Rang, den der Mensch erreichen kann, ist der des „Dieners Gottes"; denn in seinen beiden höchsten Erlebnissen wird der Prophet im Koran als *ʿabduhu,* „Sein Diener", bezeichnet: am Beginn von Sure 17, 1: „Gepriesen sei Der, der reiste zur Nacht mit Seinem Diener ..." und Sure 53, 10: „Er offenbarte Seinem Diener, was Er offenbarte."

Damit ist auch die Stellung des Menschen umschrieben, der, wie der Prophet, ein vollkommener Diener Gottes sein soll. Hier also liegen die Grundlagen des Sufismus: in der Anerkennung der absoluten Macht des nur durch Seine Zeichen erkennbaren Gottes, im vollen Vertrauen auf die koranische Offenbarung und in der Verehrung des Propheten Muhammad.

Aber wie und warum konnten sich solche Bewegungen überhaupt im Islam entwickeln? Nach dem Tode Muhammads 632 und zur Zeit seiner ersten Nachfolger dehnte sich das islamische Reich in erstaunlicher Geschwindigkeit aus; der Fruchtbare Halbmond, Iran und Nordafrika wurden erobert, und im Jahre 711 überschritten die muslimischen Heere die Meerenge von Gibraltar *(dschebel ṭāriq,* „Berg des Tariq", genannt nach dem jungen Heerführer Tariq). Im gleichen Jahr erreichten sie Sind, das heutige südliche Pakistan, und überschritten den Oxus, Amudarya, nach Zentralasien. Alle diese Randgebiete sollten zu wichtigen Zentren islamischer Kultur werden.

Zu eben dieser Zeit entwickelten sich kleine Gruppen von Frommen – gewissermaßen Proto-Sufis – vor allem im Irak, wo der große Prediger Hasan al-Basri (gest. 728) asketische Frömmigkeit predigte und praktizierte, die der immer stärker werdenden Verweltlichung entgegenwirken sollte. Die ihm nahestehenden Asketen lehnten alles Weltliche ab und konzentrierten sich auf die Lektüre und Meditation des Korans; nächtliche Andachten und Gebete wurden geübt (denn obgleich das nächtliche Gebet im Koran erwähnt wird, wurde es nicht in den Kanon der fünf Tagesgebete einbezogen, galt aber und gilt noch bei den Frommen als besonders verdienstvoll). Man meditierte über die koranischen Gerichtsandrohungen und weinte über seine Sünden, in ständiger Furcht vor dem Gerichtstag, an dem man auch über die kleinste Tat Rechenschaft würde ablegen müssen. Furcht Gottes stand im Zentrum des Lebens. Die frühen Asketen hatten auch Kontakte mit christlichen Eremiten im Irak und in Syrien, und es gab einen gewissen Austausch zwischen den beiden Gruppen, die gleichermaßen von der Vergänglichkeit und Nutzlosigkeit aller irdischen Freuden wußten und nur Gott ersehnten.

Interessant ist in diesem Zusammenhang die Rolle, die Jesus in der frühen Asketik spielt. Er, von der Jungfrau Maria geboren (Sure 19), im Koran als letzter Prophet vor Muhammad und gewissermaßen als sein Wegbereiter gepriesen, wird zum Modell der Gottesliebe und Milde und hat im Sufismus noch immer seinen Platz als großer „Arzt der Herzen".

In die recht finstere asketische Frömmigkeit kam ein etwas anderer Ton durch eine Frau – zumindest sagt das die Überlieferung: Rabiʿa von Basra (gest. 801), als weltabgewandte Asketin berühmt, drückte ihre Gottesliebe in kleinen kunstlosen Versen aus. Am berühmtesten ist die Geschichte, daß sie durch Basras Straßen ging, eine Fackel in der einen, einen Eimer Wasser in der anderen Hand; nach dem Sinn ihres Tuns befragt, antwortete sie: „Ich will Wasser in die Hölle gießen und Feuer ans Paradies legen, damit diese beiden Schleier verschwinden und niemand mehr Gott aus Höllenfurcht oder Hoffnung aufs Paradies anbetet, sondern allein um Seiner ewigen Schönheit willen." Diese Geschichte wurde später vom Kanzler Ludwigs des Heiligen nach Europa gebracht und erscheint wieder in den Schriften des französischen Quietisten Camus (1644). Sie klingt auch wider in einigen modernen europäischen Kurzgeschichten, wie z. B. Max Mell, „Die schönen Hände".

Es ist eben diese Gottesliebe, die Rabiʿa verkündete und die in den folgenden Jahrzehnten und Jahrhunderten zum Zentrum des Sufismus wurde.

Zum Begriff „Sufismus“

Der Begriff „Sufismus“ leitet sich ab von *ṣūf*, „Wolle“, und weist auf das Wollgewand der Asketen hin, wenngleich man versucht hat, das Wort vom griechischen *sophos*, „Weisheit“, oder vom arabischen *ṣafā*, „Reinheit“, abzuleiten; auch vermuteten einige frühe Exegeten, die Sufis seien gewissermaßen die Nachfolger der *ahl aṣ ṣuffa,* der „Leute der Vorhalle“, die fromm und bescheiden im Hofe des Propheten lebten. Der Mystik fern oder feindlich gegenüberstehende Muslime werden freilich oft erklären, daß Sufismus, *taṣawwuf,* nicht islamisch sein könne, da das Wort oder seine Wurzelbuchstaben nicht im Koran vorkämen; es sei ein verwerflicher menschlicher Versuch, Gott nahezukommen; und der habe zu Bräuchen geführt, die nichts mit dem strengen echten Islam zu tun hätten. Diese Meinung herrscht vor allem in Saudi-Arabien vor, aber auch in „islamistischen“ Gruppen zwischen Nordafrika und Pakistan.

Was für Einflüsse auf den entstehenden Sufismus im 8. und 9. Jahrhundert eingewirkt haben, wird sich nie im einzelnen feststellen lassen. Es waren sicher nicht nur Kontakte mit den christlichen Eremiten, die eine gewisse Wirkung auf die Ideale der asketischen Frommen hatten; man kann ein wenig später auch an einzelne buddhistische Einflüsse denken (z.B. Übertragung der Buddha-Legende auf Ibrahim ibn Adham). Hindu-Philosophie und Praxis kamen erst später dazu. Aber schließlich waren im gesamten Orient seit hellenistischer Zeit mystische, gnostische und hermetische Gedanken verbreitet, die sicher auch auf einige Sufis in der Frühzeit gewirkt haben; doch ist ein genauer Nachweis solcher Einflüsse schwer zu führen, da sie gewissermaßen in der Luft lagen. In den folgenden Jahrhunderten nehmen solche Einflüsse Gestalt an, als griechische philosophische Gedanken dank den arabischen

Übersetzungen griechischer Werke, vor allem der sogenannten „Theologie des Aristoteles", einem neuplatonischen Werk, bekannt wurden, so daß man etwa das System des großen Theosophen Ibn ʿArabi als „islamisierte Form des Neuplatonismus" bezeichnet hat – ähnlich wie Indologen und Hindus in diesem System und in vielen anderen Äußerungen der Sufis eine islamisierte Form der indischen Vedanta-Spekulation sehen.

Sufi-Praktiken

Langsam entwickelten sich unter den kleinen elitären frühen Sufi-Gruppen besondere Praktiken. Sie widmeten sich dem Ritualgebet außerordentlich intensiv; lange Perioden des Fastens waren, wie in wohl allen asketischen Bewegungen, besonders wichtig. Man darf vielleicht die bemerkenswerte Langlebigkeit der Sufis ihrer Enthaltsamkeit auf diesem Gebiet zuschreiben. „Wenig essen, wenig schlafen, wenig sprechen", das waren die Grundregeln der Sufis. Und man führte die Seelenforschung und die Skrupulosität bedeutend weiter als der normale Muslim; nicht nur enthielt man sich, wie jeder Muslim es sollte, von dem, was rituell verboten ist (Alkohol, Schweinefleisch u. a.), sondern auch von dem, was zweifelhaft war. Konnte man denn sicher sein, ob ein Stück Fleisch nicht von einem Lamm stammte, das unberechtigterweise auf einer fremden Wiese gegrast hatte? Durfte man ein Kleid tragen, von dem nicht sicher war, ob es nicht im Scheine der Lampe eines Nachbarn hergestellt war? Durfte man eine trockene Melonenschale essen, wenn sie einem nicht ausdrücklich geschenkt worden war? Die Sufis des 9. Jahrhunderts übertrafen sich in ihrer „peinlichen Gewissenhaftigkeit", *waraʿ*, bei ihren Versuchen, so korrekt wie möglich zu handeln, und es heißt, der große Psychologe al-Muhasibi (gest. 857) habe einen Nerv in seinem Finger gehabt, der zuckte, sobald er etwas nicht völlig Korrektes unternehmen wollte.

Die Beobachtung der „Seele", *nafs*, war ein wichtiger Teil der Erziehung, denn die *nafs* wird im Koran in Sure 12, 59 als *ammāra*, „zum Bösen anreizend“, erwähnt; in Sure 75, 2 spricht der Koran von der *nafs lawwāma*, der „tadelnden Seele“, was man etwa als „Gewissen“ übersetzen könnte, und in Sure 89, 27–28 heißt es, daß die *nafs muṭma'inna*, „die Seele in Frieden“, zu ihrem Herrn zurückkehren wird. Obgleich diese drei koranischen Stellen keine wirkliche Beziehung zueinander haben und das Wort *nafs* noch oftmals im Koran vorkommt, wurde der Kampf gegen die gefährliche Seele zum „größeren Heiligen Krieg“ erklärt, und ihre langsame Umwandlung zur „Seele im Frieden“ wurde zu einem Ziel der Sufis. Harte Methoden waren nötig, um die *nafs*, das störrische Pferd, als das sie oft symbolisiert wurde, zum gefügigen Roß zu machen, das seinen Besitzer eilends in die Nähe des göttlichen Geliebten trägt. Erziehung mit dem Ziel der Veredelung verlangt die Sufi-Psychologie – wird nicht der ehemalige Räuber, der sich bekehrt, zum besten Polizisten, weil er alle Tricks seiner früheren Kumpane kennt?

Oder mit einem anderen Bild: das Herz soll poliert werden wie ein Metallspiegel, damit es nur noch den Glanz Gottes widerspiegelt.

Die beste Methode für ein solches „Polieren“ war der *dhikr*, das Gottgedenken. Der Koran mahnt „Gedenket Gottes viel!“ (Sure 33, 41), und er verspricht: „Wahrlich, durch das Gedenken an Gott werden die Herzen ruhevoll“ (Sure 13, 28). Aus solchen Andeutungen entwickelten die frühen Sufis ihre Technik des Gottgedenkens; der Sucher soll Tausende von Malen das Wort *Allāh*, den heiligen allumfassenden Namen Gottes, wiederholen, bis sein gesamtes Sein von diesem Namen so durchdrungen ist, daß selbst die Blutstropfen, die aus seinen Adern fallen, das Wort *Allāh* auf die Erde schreiben. Neben diesem *dhikr* des Namens Allah, der immer zentral geblieben ist, steht die ständige Wiederholung des Glaubensbekenntnisses bzw. seiner ersten Hälfte, *lā ilāha illā 'Llāh*, „Es gibt keine Gottheit außer Gott, Allah“. Wenn dies in Gemeinschaft laut rezitiert wird, konzentriert sich alles am Ende auf das letzte *h* des Wortes *Allāh*, das dann wie ein Ausatmen, ein letzter Hauch verklingt; denn das *h* ist der

Buchstabe der *huwiya*, der göttlichen Ipseität. Hat doch ein späterer Sufimeister in Indien einmal den *dhikr* als „Reise durch den Namen Allah" bezeichnet, bis die zum Frieden gelangte Seele in der Rundung des *h* von *Allāh* ruht, umgeben vom göttlichen Licht.

Wichtig ist, daß der *dhikr* immer mit Atemkontrolle verbunden ist, wie das bei jeder derartigen Meditation der Fall ist – man denke an das Jesusgebet der Ostkirche, das *Namu Amida Butsu* des Buddhismus oder das *Rām Rām* des Hinduismus.

Um die Anzahl der Wiederholungen des göttlichen Namens oder der Formeln kontrollieren zu können, benutzte man erst Steinchen; doch bald wurde die Gebetsschnur, der Rosenkranz, aus Indien übernommen und erreichte dann über die islamische Welt den Okzident. Die islamische Gebetsschnur hat 99 Perlen, entsprechend den 99 „Schönsten Namen Gottes", von denen (freilich ohne Anzahl) der Koran spricht (Sure 59, 24) und die mit den Namen *ar-raḥmān ar-raḥīm*, „der Barmherzige der Erbarmer", beginnen, mit jenen beiden Namen der Gnade, mit denen jede Koransure (mit Ausnahme von Sure 9) anfängt und die auch zu Beginn jeder Handlung verwendet werden sollen.

Der *dhikr* kann laut sein oder still, ein Herzensgebet, das die verschiedenen Kraftzentren im Körper durchdringt, bis es den ganzen Menschen erfüllt.

In späterer Zeit entwickelten die Sufis Methoden, ganz bestimmte Gottesnamen im *dhikr* zu verwenden, und zwar war es die Aufgabe des Meisters, den für den Jünger passenden Namen zu finden und ihm vorzuschreiben, wie oft er ihn zu wiederholen habe. Oft wird hier eine Verbindung zwischen dem Zahlwert des Gottesnamens (– denn jeder Buchstabe des arabischen Alphabets hat einen Zahlwert) und der Anzahl der Wiederholungen des Namens vorgeschrieben. Die Verwendung eines falschen, der geistigen und seelischen Station des Jüngers nicht angepaßten Namens kann zu schweren seelischen, ja auch körperlichen Schädigungen führen. Hier liegt eine der Verantwortlichkeiten des Meisters.

Die Initiation durch den Meister

Es dürfte wohl so sein, daß in den Anfangsstadien des Sufismus bestimmte Persönlichkeiten durch ihre Aktivität oder ihre Ausstrahlung als Modelle für ihre Mitmenschen angesehen wurden, und so schloß sich ihnen der eine oder andere an, um an seinem segensreichen Wirken teilzuhaben. Die großen Sufis waren zunächst keine etablierten Führer, sondern Handwerker oder Gelehrte, die sich neben ihrer Tagesarbeit der Askese und der Läuterung ihrer Seele widmeten; ihr Beispiel zog dann manche Sucher an. Es handelte sich keinesfalls um eine Art Priestertum, denn der Islam schließt jede Vermittlerrolle zwischen Gott und Mensch aus. Der immer wachsende Einfluß der Sufi-Scheichs auf ihre Anhänger ist deshalb in späterer Zeit einer der Hauptgründe für die Ablehnung des Sufismus von seiten vieler sunnatreuer Muslime.

Es war nicht einfach, ein *murīd* („der etwas – nämlich die Einweihung – will") zu werden. Oft mußte der Suchende lange warten, ehe er überhaupt angenommen wurde, oder aber der Meister legte ihm fast unlösbar schwere Aufgaben vor, um zu erfahren, ob er den Weg wohl gehen könne. War er aber einmal angenommen, so hatte er dem Meister in allem zu gehorchen, „zu sein wie der Tote in der Hand des Leichenwäschers", wie es bereits im 9. Jahrhundert heißt (daher unser „Kadavergehorsam"!).

Die Initiation erfolgte durch Handschlag; durch diesen Handschlag wurde man in die Kette eingebunden, die durch die großen Sufis bis hin zum Propheten reichte – das letzte Glied vor dem Propheten ist in den meisten Fällen ʿAli ibn Abi Talib, Muhammads Vetter und Schwiegersohn und erster Imam des schiitischen Islam; nur in einigen Sufi-Wegen, wie etwa der Naqschbandiyya, ist es Abu Bakr, der erste Nachfolger (Kalif) Muhammads (reg. 632–634). Der Novize muß seine Einweihungskette kennen, damit er wirklich in die Tradition eingebunden ist. Er wurde mit dem Flickenrock und der Mütze eingekleidet (s.u. S. 68). Neben der offiziellen Einweihung durch den Meister kennt man auch die geistige

Einweihung, die Uwaisi-Kette, die nach einem Zeitgenossen des Propheten, dem Hirten Uwais al-Qarani in Jemen, genannt ist. (s.u. S. 69).

Die Zahl der Jünger eines Scheichs war zunächst klein, doch sie fühlten sich eng verbunden, und auch heute noch, wo es große und weitgefächerte Sufi-Orden gibt, findet man oft ein enges Verhältnis zwischen den Jüngern eines Meisters. Im indischen Bereich spricht man dann vom *pīr-bhāi*, „Bruder durch den Meister". Auch Frauen konnten und können eingeweiht werden.

Der Meister überwacht das geistige Wachstum seines Schülers und setzt ihn manchmal in die vierzigtägige Klausur, eine Sitte, die sich offenbar erst im Laufe der Zeit entwickelte. Diese Klausur (arabisch *arbaʿīn*, persisch *tschilla*) wird auf das vierzigtägige Fasten Mosis zurückgeführt (Sure 7, 142). Der Sucher wird in einen engen, dunklen Raum gesetzt; in Indo-Pakistan findet man Höhlen, in denen ein Mensch kaum stehen kann, hohle Bäume oder auch einsame Zellen, in denen der Sucher bei einem Minimum an Nahrung bei ständigem Gebet und Meditation vierzig Tage weilen muß. Die Pflicht des Meisters ist es, sich täglich nach dem Befinden des so Abgeschlossenen zu erkundigen, aus seinen Visionen, seinen Träumen und seiner allgemeinen Haltung seine Fortschritte bei der Läuterung der Seele zu sehen und ihn durch religiöse Anweisungen, Gebete und ähnliches weiterzuleiten oder auch, wenn er spürt, daß der Jünger die Einsamkeit nicht ertragen kann, ihn wieder zu den Menschen zurückzuführen, damit er nicht seelischen Schaden nimmt. In späterer Zeit, so in Indien vom 13. Jahrhundert an, gab es die sogenannte *tschilla maʿkūsa*, das heißt, daß der Sucher sich an den Füßen in eine Grube oder einen leeren Brunnenschacht hängte und so die Zeit der Meditation verbrachte; doch sind das Extremfälle. Die Erfahrungen in der Klausur haben eines der großartigsten Werke persischer mystischer Dichtung inspiriert, das *Muṣībat-nāma* (Das Buch der Heimsuchung) ʿAttars (gest. 1221), in dem der Sucher endlich den ersehnten Gott im Ozean seiner Seele findet.

Es gehört zu den Obliegenheiten eines Meisters, seinem Jünger das rechte Benehmen in allen Situationen beizubringen. Zahlreiche Aussprüche und Definitionen, die aus der Frühzeit des Sufismus überliefert sind, dienen diesem Zweck und erlauben einen kleinen Einblick in die Lehrweise der Meister. Schon bald wurden arabische Werke verfaßt, in denen die Ideale und Regeln des Sufitums ausführlich dargelegt wurden, ebenso wie die Definitionen einzelner Schritte auf dem Wege. Sarradschs *Kitāb al-luma' fi't-taṣawwuf*, verfaßt im letzten Viertel des 10. Jahrhunderts, ist ein besonders gutes Beispiel solcher Literatur, der ein Jahrhundert später die erste persische Darstellung des Sufitums durch den in Lahore begrabenen Hudschwiri (gest. um 1072) folgte. Andere Werke enthalten Biographien von frühen Sufis, deren Leben als Modelle für spätere Generationen dienen sollen.

In späterer Zeit, vor allem im indischen Subkontinent, entwickelten sich die sogenannten *malfūẓāt*, Aufzeichnungen von Gesprächen der Meister mit ihren Jüngern und ihren Besuchern, die oft ein lebendiges Bild von der täglichen Routine eines vielbeschäftigten Seelenführers bieten. Autobiographien großer Meister erscheinen dann an einem noch späteren Punkt; sie bieten interessante Einblicke in das Handeln und Wandeln, vor allem auch in das Traumleben der Meister; denn Träume dienen diesen oft als Wegweiser auf dem Pfade. Selbstdarstellungen ekstatischer Erlebnisse oder Visionen kommen ebenfalls in allen Teilen der islamischen Welt vor, sie werden im Laufe der Zeit immer grandioser.

Von Anfang an aber kam den Briefen eine wichtige Rolle zu, durch die der Meister in oft verschlüsselter, nur dem Eingeweihten verständlicher Sprache die Seelen zu leiten suchte, denn je weiter sich der Einflußbereich eines Meisters ausdehnte, um so wichtiger war es, Kontakte mit seinen Jüngern oder seinen an verschiedenen Orten fungierenden Stellvertretern zu halten. Werke wie die „Hundert Briefe" des indischen Sufi Scharafaddin Maneri (gest. 1380), die zur Lieblingslektüre der indo-muslimischen Herrscher gehörten, oder die politisch brisanten Briefe des Naqschbandi-Reformers in Indien, Ahmad

Sirhindi (gest. 1624) einerseits, die Briefe des spanisch-marokkanischen Lehrers Ibn ʿAbbad von Ronda (gest. 1390) andererseits würden eine umfassende Analyse von Inhalt und Stil verdienen.

Die Stufen des Sufi-Weges

In all solchen Werken versuchte der Meister, den Sucher durch die verschiedenen Stufen auf dem Wege zu leiten, und wenn auch die klassische Zahl der Stufen wie in fast allen mystischen Traditionen mit sieben angegeben wird, so sind die Stufen im Sufismus nicht so klar gegliedert, und ihre Anzahl wechselt von Meister zu Meister.

Die erste Stufe aber ist immer die Reue, das Abbrechen der Beziehungen zum früheren Leben und die volle Konzentration auf den neuen Weg. Alles muß nun mit voller Reinheit der Intention getan werden, nicht die kleinste Spur von selbstischen Gedanken darf sich einmischen, ebensowenig wie der Murid je seine Aufmerksamkeit erschlaffen lassen darf; *ghaflat*, „Nachlässigkeit", ist wie ein gefährlicher Schlaf, in dem der Sucher sein Objekt verliert.

Man unterscheidet auf dem Pfad Stationen *(maqām,* Pl. *maqāmāt)*, das sind längerwährende Haltungen, und Zustände *(ḥāl,* Pl. *aḥwāl)*, das sind flüchtige Augenblicke einer von Gott geschenkten seelischen Erfahrung, die man nicht an sich ziehen kann.

Zu den wichtigsten Stationen gehört die Armut, sei es die irdische oder die geistige, hatte doch der Prophet gesagt: *faqrī fachrī,* „Meine Armut ist mein Stolz". Armut bedeutet hier nicht nur den Mangel an Besitz; wenn wir allerdings den hagiographischen Werken glauben dürfen, waren viele der großen Sufis der Frühzeit so arm, daß sie kaum etwas für sich oder ihre Familie besaßen, da sie ungern Geld über Nacht bei sich behielten. Armut kann aber auch die Haltung dessen sein, der in *einem* Augenblick ohne Bedauern seinen gesamten Reichtum dahingeben würde, der also an keinerlei äußeren Gütern hängt. Denn er weiß „Gott ist der All-Reiche, und ihr seid die Armen“ (Sure 47, 38). Aus diesem Grunde ist *faqīr*, „der Arme“, und sein persisches Äquivalent, *darwisch* (Derwisch), eine Bezeichnung für Sufis, die allerdings mehr im volkstümlichen Sinne, nicht für die großen Dichter und Denker verwendet wird.

Das absolute Gottvertrauen, *tawakkul*, gehört hierher, das von manchen frühen Sufis bis zum Exzeß geübt wurde; es schien ihnen Unglaube, nicht völlig auf Gott zu vertrauen, der doch den Namen *ar-Razzāq*, „Der Ernährer“, trägt und daher ohne Zweifel für alle Nahrung sorgen wird. Freilich wird Gottvertrauen später eher als seelische Haltung erfahren; denn eine konsequente Durchführung des Ideals, für nichts zu sorgen, wäre in der Welt des Handelns und Wandelns nicht zu verwirklichen. So ist *tawakkul* jetzt das unerschütterliche Vertrauen darauf, daß Gott immer weiß, was dem Menschen am besten tut, und diese Haltung (die man auch als „Gutes von Gott denken“ definiert) hat das Leben der vom Sufismus beeinflußten Menschen zutiefst geprägt.

Geduld und Dankbarkeit sind zwei weitere Stationen auf dem Pfad, und man disputierte, ob der geduldige Arme oder der dankbare Reiche den höheren Rang habe.

Besonders wichtig ist das Begriffspaar Furcht und Hoffnung, die als die beiden Flügel bezeichnet werden, mit denen man zum Paradies fliegt. Furcht ist immer vorhanden, denn die Furcht vor dem Gericht Gottes bewegte doch die meisten Frommen, und selbst auf den letzten Stationen des Pfades empfindet der Sufi noch Furcht, von seinem ‚göttlichen Geliebten‘ getrennt zu sein, „mit der verglichen die Furcht vorm Höllenfeuer gar nichts ist“. Furcht ist zumindest bis zu einem gewissen Grade notwendig, um den Menschen nicht leichtfertig werden zu lassen, und daher sahen manche frühen Sufis mit Mißbilligung auf einen von ihnen, den Perser Yahya ibn Muʿadh (gest. 872), den man als „Prediger der Hoffnung“ kannte und dessen kleine Gebete immer wieder dialektisch um das Geheimnis von Gottes Gnade und menschlicher Sündhaftigkeit kreisen:

O Gott, wie kann ich Dich rufen, wo ich doch ein rebellischer Knecht bin? Und wie könnte ich Dich *nicht* rufen, wo Du doch ein gnädiger Herr bist?

Vier Jahrhunderte später betet Ibn ʿAtaʾAllah in Alexandrien:

Mein Gott, wie könnte ich Ehre beanspruchen,
wo Du mich an Dich hältst?
Wie könnte ich mich nicht arm fühlen,
wo Du mich in Armut hast weilen lassen?
Und wie könnte ich mich arm fühlen,
wo Du mich mit Deiner Großmut so reich gemacht hast?

Hoffnung aber sollte man den Sufimeistern zufolge immer haben, weil Gott alles zum Guten geordnet hat und schließlich den armen reuigen Sünder auch ins Paradies einlassen wird.

Furcht und Hoffnung werden poetisch nicht nur als Flügel, sondern auch als zwei Planken gesehen, auf denen der Schiffbrüchige im tobenden Ozean der Ereignisse sich zu retten sucht; aber ist er einmal im ‚Gottesmeer' versunken, bedarf er ihrer nicht mehr.

Auf der Ebene der „Zustände" entsprechen der Furcht und der Hoffnung die Erfahrungen von *qabḍ* und *basṭ*, der „Bedrängnis" und der „Ausdehnung". *Qabḍ*, wenn die Seele „zusammengepreßt wird, als sei sie in einem Nadelöhr", entspricht etwa der „dunklen Nacht der Seele" in der christlichen Mystik, während die plötzliche Ausdehnung oft in ein kosmisches Bewußtsein umschlägt, in dem die Seele empfindet, daß sie weiter, größer, herrlicher als die ganze Welt ist, ja, daß sie in sich alles enthält, was es gibt, wobei es manchmal zu hymnischen Ausdrücken von Naturmystik kommt. Aus diesem Zustand ist ein großer Teil der sufischen Dichtung hervorgegangen, in der der Sänger jubelnd von seiner allumfassenden Liebe spricht. Auch der Übergang von der Bedrängnis in die heilige Freude, die Trunkenheit der Seele, gehört hierzu. Die ernsten Sufis der Frühzeit freilich wie auch die Meister mancher späteren Richtungen, wie der Schadhiliyya, zogen das *qabḍ* vor, weil der Mensch in diesem Zustand nichts als Gott hat; keine Spur eigenen Willens und Vermögens ist mehr vorhanden, und so empfindet er die Größe Gottes, der ihn scheinbar alleine gelassen hat, stärker als im Jubel der allumfassenden Ausdehnung, die andere Sufis zum berauschten Seelentanz inspiriert, denn, wie Ibn ʿAta'Allah sagt:

Manchmal lehrt Er dich in der Nacht bedrückender
  Beklemmung,
was du nicht gelernt hattest
  im Glanze des Tages beglückender Ausdehnung.
„Ihr sehet nicht, welches nützlicher für euch ist" (Sure 4, 11).

Es sei noch ein hoher Grad auf dem Pfad erwähnt, das ist *riḍā*, „Zufriedenheit", wenn der Sucher, in vertieftem Gottvertrauen, alles dankbar als von Gott kommend annimmt.

Husri sprach einmal zu Gott: „O Herr, bist Du
  zufrieden damit, daß ich mit Dir zufrieden bin?"
Da kam die Antwort: „Wenn du mit Mir zufrieden
  wärest, würdest du nicht solch eine Frage stellen."

Denn dann – so die Logik dieser Geschichte – müßte der Fragende ja auch mit Gottes Mißfallen zufrieden sein.

Die Endstation des Sufi-Weges ist die Gottesliebe oder Gotteserkenntnis. Jede mystische Strömung kennt diese beiden Ziele: Liebesekstase und Erkenntnis, Gnosis, und der Islam macht hier keine Ausnahme.

2. Mystische Gottesliebe

Definitionen der mystischen Liebe wurden im 9. Jahrhundert vorsichtig entwickelt; denn es erhob sich die Frage: „Kann man Gott überhaupt lieben?" Handelt es sich nicht in Wirklichkeit, wie die Orthodoxen sagten, um Liebe zu Gottes Gehorsam, auf die es ankommt? Denn wer jemanden liebt, ist ihm gehorsam, und wenn man im frühen Sufismus noch an der Tür des Geliebten bleiben will, selbst wenn man davongejagt wird, so ist es später die Bereitschaft, in allem Ihm zu Willen zu sein:

> Ich wünsche Vereinigung, und Er wünscht Trennung,
> so lasse ich, was ich will, für das, was Er will,

heißt es in einem unendlich oft variierten Vers.

Man fand jedoch koranische Billigung für die Liebe zu Gott. Sagt nicht der Schluß von Sure 5, 59: „Er liebt sie, und sie lieben Ihn"? Diese Liebe geht, wie alles in der Welt, von Gott aus; der Mensch antwortet auf sie. Und eine solche Liebe ist unendlich, wie Dhu'n-Nun der Ägypter (gest. 859) erzählt:

> Er habe in der Einsamkeit ein altes Weib gefragt: „Was ist das Ende der Liebe?" Und sie antwortete: „Du Dummkopf! Liebe hat kein Ende!" „Und warum nicht?" „Weil der Geliebte kein Ende hat."

Die Diskussionen über die Gottesliebe sind zentral in der Entwicklung der islamischen Theologie, und die Sufis wurden oft angegriffen, ja als Ketzer angesehen, weil sie das Element der Liebe so stark betonten. Doch ihre Gottesliebe ging mit praktischer Nächstenliebe zusammen, ja auch mit Tierliebe, sowie mit Krankenfürsorge, wie die Biographien vermelden. Und als die Regierung in Bagdad 885 diese seltsamen Sufis als gefährliche Ketzer ansah und ihnen den Prozeß machen wollte, trat Abu'l-Husain an-Nuri (gest. 907) vor, um sich für seine Brüder zu opfern. Der Kalif, bewegt von solchem Opfergeist, ließ Nuri kommen und stellte fest, daß die Sufis durchaus gute Muslime waren.

Dennoch wurden sie weiterhin mit Mißtrauen beobachtet. Das führte dazu, daß sie sich auch besonderer Ausdrücke bedienten. Die Unmöglichkeit, das wirklich auszudrücken, was sie in der Ekstase erlebten, und andererseits die Sorge, durch seltsame Worte wie „Rausch" und „Liebesleidenschaft" den Zorn der anderen Gläubigen auf sich zu ziehen, ließ die Sufis eine verfeinerte symbolische Sprache entwickeln, die zu entziffern nicht immer einfach ist – und es war diese farbenreiche, symbolische Sprache, die dann in der Poesie der Sufis, vor allem im persischen Kulturbereich, ihren Höhepunkt erreichte. Die Verschlüsselung der Angaben aber macht es dem Spätgeborenen oder Nicht-Eingeweihten oft schwer, den wirklichen Sinn einer Formulierung zu erkennen, und viele der scheinbaren Widersprüche in den Definitionen einzelner Stufen und Stadien des Seelen-Weges sind sicherlich auf unser begrenztes Verständnis der Sprache zurückzuführen; denn dank dem Sufismus erhielt die ohnehin schon überreiche arabische Sprache einen neuen Aspekt: den der authentischen Erfahrung des Religiösen. Und das Spiel mit den Wurzeln der arabischen Worte, die kaleidoskopartigen Möglichkeiten von Vertauschungen der Grundbuchstaben (jedes arabische Wort besteht aus drei Grund-Radikalen) erlaubten geradezu kabbalistische Künste. Man denke an den Beweis des persischen Mystikers ʿAttar (vgl. u. S. 57ff.), daß *schiʿr*, „Poesie", etwas Erhabenes sei, weil es aus den gleichen Buchstaben besteht wie *scharʿ*, „Gesetz", und *ʿrsch*, „Gottesthron". Temple Gairdner hat sicher recht, wenn er fragt: „Nehmen wir nicht ihre Sprache zu ernst? Sie paradiert als wissenschaftlich, ist aber in Wirklichkeit poetisch-rhetorisch." Daß der Sufismus auch eine Rolle bei der sprachlichen Entwicklung in anderen Sprachen gespielt hat, werden wir noch sehen.

Man darf hier das Phänomen des sogenannten *schaṭḥ* nicht vergessen, das ist ein „theopathischer Ausspruch" oder, wie Henry Corbin sagt, ein „Paradox". Das sind Sätze, in denen der Sufi im Zustand der Entrückung Dinge sagt, die ketzerisch wären, spräche er sie im Zustand der normalen nüchternen Verantwortlichkeit, so wie etwa Bayazid-i Bistamis (gest. 874)

Ruf *„Subḥānī – mā aʿẓama schaʾnī!* Lobpreis sei mir! Wie groß ist meine Majestät!" – ein Wort, das nur Gott von sich hätte sagen können. Wir haben es mit Aussprüchen zu tun, die aus der Überfülle des Herzens kommen, wenn der Mensch seiner selbst nicht mehr bewußt ist, wird doch das Wort *schaṭḥ* abgeleitet vom „Getreideworfeln", wobei Körner über das Sieb fallen, oder vom Überfließen des Wassers aus einem allzu engen und flachen Gefäß. Die schönste Andeutung dieses Zustandes stammt von Qadi Qadan, einem mystischen Dichter des 16. Jahrhunderts im Industal, der seinen Zustand treffend in einem Bild aus seiner Heimat ausdrückt:

Führt der Indus hohe Flut, überfließen die Kanäle –
Des Geliebten Liebeswort ist zu groß für meine Seele.

Verständlicherweise schien und scheint den gesetzestreuen Muslimen solch ein Überschwang nicht mit dem eher nüchternen Islam vereinbar. Dies um so mehr, als die Sufis hin und wieder auch der Musik lauschten, Liedern weltlicher Art zuhörten und dann möglicherweise in entrückte Tanzbewegungen verfielen – alles dies vom Gesetz mißbilligt. Schon 867 gab es in Bagdad einen Raum für *samāʿ*, das mystische „Lauschen" auf Musik, wo man sich hin und wieder versammelte. Aber es muß betont werden, daß diese Musikveranstaltungen nichts mit dem Ritual zu tun hatten; sie waren vielmehr seltene Gelegenheiten zur Entspannung auf einem geistigen Weg, der unerhörte Disziplin von seinen Anhängern verlangte. Das Entzükkenserleben beim *samāʿ* schien die Sufis dann oft nahe an den Zustand der liebenden Ekstase zu führen. Und Hudschwiri tadelt im 11. Jahrhundert all die (und es scheinen sehr viele gewesen zu sein), für die Sufismus nichts ist als Tanz, ohne daß sie die Grundlagen kannten. Zum Ritual aber wurde der *samāʿ* nur in *einem* späteren Orden, bei den Mevlevis.

Die Definitionen von Liebe und Erkenntnis wurden, ebenso wie die Bedingungen für die schwierige Wanderung auf dem ‚Pfade', im Laufe des 9. Jahrhunderts verfeinert. Aber das zentrale Problem blieb: wie konnte man Gott erkennen? Wie Ihn lieben, der jenseits aller Beschreibung ist, der transzendent ist und den die Blicke nicht erreichen (Sure 6, 103) und der doch dem Menschen „näher ist als seine Halsschlagader" (Sure 50, 16)? Wie konnte man Liebe zu Ihm überhaupt definieren? War es nicht so, daß Seine Einheit, die im Koran immer im Mittelpunkt steht, so überwältigend ist, daß für den suchenden, liebenden Menschen gar kein Raum mehr blieb? Das Glaubensbekenntnis „Es gibt keinen Gott außer Gott, Allah" wurde, auch in der Orthodoxie, oft umgeformt in „Es gibt keinen Handelnden außer Gott, Allah", denn Er beginnt alles und von Ihm geht alle Aktivität aus, auf die der Mensch nur antworten kann. Bald aber sagten die Sufis: „Es gibt nichts Existierendes außer Ihm", das heißt, Er allein besitzt die wahre Existenz, das wahre Sein; alles andere ist nur ein Schatten, eine Spiegelexistenz. Solche Formulierungen finden sich bereits um das Jahr 900, und schon fragten sich manche Sufis, ob man überhaupt das Glaubensbekenntnis recht aussprechen könne; denn schon das Bekenntnis, daß Gott Einer ist, setzt ja die Zweiheit von Gott und dem sprechenden Subjekt voraus, und „nur Gott hat das Recht, Ich zu sagen"; nur Er konnte Seine Einzigkeit und Seine Existenz bezeugen, wenn Er durch den Mund des in Ihm entwordenen Menschen Sich selbst bezeugt. Das bedeutet, der Sucher muß sein eigenes Dasein aus dem Wege räumen:

> Deine Existenz ist eine Sünde, neben der es keine größere Sünde gibt,

heißt ein oft zitierter arabischer Vers. Und Dschunaid, der Führer der „nüchternen" Bagdader Schule, formulierte das Ziel der Sufis:

> Ein Sufi ist jemand, der so ist, wie er war, als er noch nicht war –

das soll heißen, bevor durch das göttliche Schöpfungswort das Absolute Eine sich in Subjekt und Objekt manifestierte. Dieses Wort Dschunaids (gest. 910) ist vielleicht der genaueste Hinweis auf das Ende des Weges, die Rückkehr in das Nichtsein im göttlichen Sein. Und wenn der Sufi diesen Zustand kennt, gilt auch für ihn: „Wer sich selbst kennt, der kennt seinen Herrn"; er erkennt nämlich die Untrennbarkeit des Seelenkerns vom göttlichen Ursprung. So jedenfalls sahen es manche Sufis.

An diesem Punkt steht ein Mann, der zum Erzmärtyrer des Sufismus geworden ist, weil er – so heißt es zumindest in der Tradition – wegen seines Ausspruchs *anā'l-ḥaqq* („Ich bin die Absolute Wahrheit" – d.h. Gott) das Aufgehen des Menschen in Gott bezeugt und das Sprechen Gottes durch den Menschen behauptet hatte. Husain ibn Mansur al-Halladsch, der „Baumwollkrempler", in Iran geboren, aber meist im Irak lebend, zählte zu den größten Asketen seiner Zeit. Schüler etlicher Bagdader Meister, vollzog er die Pilgerfahrt nach Mekka mehrfach, wobei er sich unerhörten Härten aussetzte. Bald nach dem Jahr 900 zog er nach Indien und von Gudscharat aus durch das heutige Pakistan, wahrscheinlich auf der Seidenstraße nach Zentralasien, von wo er nach Bagdad zurückkehrte. Durch sein seltsames Gebaren und seine exotische Korrespondenz den Behörden auffallend, schien er gefährlich, wohl auch, weil er Neuerungen im Ritual einzuführen versuchte und sich für eine gerechtere Besteuerung einsetzte. Es heißt, er habe *anā'l-ḥaqq* gesagt, als er an der Tür seines Meisters Dschunaid in Bagdad anklopfte und gefragt wurde, wer da sei, und seine Antwort habe Dschunaid dazu geführt, ihn zu verfluchen. In Wirklichkeit steht das Wort in einem seiner Bücher, dem *kitāb aṭ-ṭawāsīn*, und seine Einkerkerung im Jahr 913 dürfte eher politische Gründe gehabt haben. Es dauerte neun Jahre, ehe sich die Muftis durch einen juristischen Trick bereit fanden, das Todesurteil zu verhängen, und am 26. 3. 922 wurde er hingerichtet. ʿAttar hat den letzten Akt in seiner Biographie Halladschs zusammengefaßt:

> „Einer fragte ihn: ‚Was ist Liebe?' Er sagte: ‚Du wirst es heute und morgen und übermorgen sehen.' An diesem Tag hieben sie ihm Hände und Füße ab, am nächsten Tag hängten sie ihn, und am dritten Tag verbrannten sie seinen Leichnam und gaben die Asche an den Wind."

So starb er, der das Volk immer wieder aufgefordert hatte, ihn zu töten, damit sie den Lohn für die Beseitigung eines Ketzers erhalten, er aber die Vereinigung mit seinem göttlichen Geliebten erfahren könne, von dem er nur durch das „Geschaffensein in der Zeit“ getrennt war. Sein leidenschaftliches Gedicht:

Tötet mich, o meine Freunde,
denn im Tod nur ist mein Leben …

ist hundertfach von den Mystikern späterer Jahrhunderte wiederholt worden, und Halladsch, von der Orthodoxie abgelehnt, ist bis heute ein Liebling der Sufis und der Dichter, ja, in unserer Zeit ein Vorbild progressiver Gruppen. Er wurde getötet, so heißt es, weil er das Geheimnis der liebenden Einigung zwischen Mensch und Gott ausgesprochen und in seinen kleinen arabischen Versen immer wieder angedeutet hatte:

Es hat mein Geist gemischt sich mit dem Deinen,
wie Wein vermischt mit klarem Wasser sich.
Wenn etwas Dich berührt, rührt es auch mich an,
denn immer bist und überall Du ich.

Er findet den göttlichen Freund immerfort:

Du rinnest zwischen Herzhaut und dem Herzen,
so wie die Tränen von den Lidern rinnen …

Aber von der Vereinigung zu *sprechen* ist verboten; man darf das Geheimnis der Liebe den Uneingeweihten nicht enthüllen:

Sagt es niemand, nur den Weisen,

heißt es in Goethes „Seliger Sehnsucht“, einem Gedicht, das seinen Ursprung in Halladschs Parabel vom Falter hat, der sich der Flamme nähert und schließlich in ihr verbrennt, um in der Vereinigung höheres Leben zu erfahren, das „Stirb und werde“ zu verwirklichen.

Für viele der späteren Sufis, vor allem die volkstümlichen, ist „Mansur“, der von den Mullahs wegen seiner Gottesliebe getötet wurde, das Vorbild für jeden wahren Liebenden, der, wie es in der Tradition heißt, „seine Gebetswaschung mit seinem Blut vollzog“; für die progressiven Schriftsteller der modernen islamischen Welt wiederum ist es Halladsch, der gegen „das Establishment“ kämpfte und für seinen Freiheitswillen hingerichtet wurde. Seine Gestalt ist überall von Marokko bis Indonesien zu finden; ungezählte Verse sind in allen islamischen Sprachen über ihn geschrieben worden; es gibt türkische und arabische Dramen, in denen er als Sozialkritiker erscheint – z. B. „Die Tragödie des al-Halladsch“ des ägyptischen Dichters Salah ʿAbd as-Sabur (gest. 1984); Halladschs Name erklingt in den Litaneien einiger Bruderschaften, und wenn man am Abend den Volkssängern im Industal lauscht, erklingen Lieder über Halladsch, „für den der Galgen das Brautbett war“.

Die europäische Forschung hat viel getan, um dem Geheimnis dieses Mannes näherzukommen. Wir haben Zeugnisse von seinen wenigen Freunden und von seinen zahlreichen Gegnern, die ihn anklagten, Zauber zu treiben und schändlich zu handeln. Louis Massignon hat mit seinem gewaltigen Werk viel dazu getan, die Gestalt des Märtyrermystikers im Westen bekannt zu machen; seine Verähnlichung mit der Gestalt Jesu (sein freiwilliger Tod, manche christologischen Aussprüche in seinem Werk) sind gleichfalls untersucht worden.

Und doch hörte ich vor Jahren einen Sufimeister in Istanbul Halladsch kategorisch ablehnen: *„Anā ʾl-ḥaqq* ist kein Sufismus!“ Ihm schien der Ausspruch noch zu viel „Ich“ zu enthalten; denn der Meister, der diese Kritik übte, war ein Vertreter des in den fünfziger Jahren sehr aktiven „türkischen“ Sufismus und legte Wert auf völliges Entwerden durch unendliches Leiden. Keine Spur sollte noch vom Menschen bestehen bleiben; Leiden und Schmerz seien die einzige Medizin, die zum Ziel führe. Gewiß haben alle Sufis die Notwendigkeit des Schmerzes und des Leidens in den Mittelpunkt ihrer Lehre gestellt – für Halladsch aber war das Leiden wie ein Ehrenkleid, und er tanzte in seinen Ketten auf seinem Wege zur Richtstatt. Denn im Tod lag die Erfüllung seiner Sehnsucht.

3. Theosophische Mystik

Der Tod Halladschs wird in der Geschichte des Sufismus meist als eine Art Zäsur angesehen; und in der Tat findet man im 10. Jahrhundert nur noch wenige überragende Meister (wie etwa den Iraker Niffari, gest. 965), so stark sich der Sufismus damals auch verbreitete. Die Zweifel der Altgläubigen an den Sufi-Lehren und -Praktiken dauerten fort, und aus diesem Grunde wurden in der zweiten Hälfte dieses Jahrhunderts eine Reihe von großen arabischen Werken verfaßt, die zeigen sollten, daß Sufismus nur eine Verinnerlichung des normalen muslimischen Lebens war: Die Werke Sarradschs (gest. 988), Abu Talib al-Makkis (gest. 994) und Kalabadhis (gest. 990) sind hier besonders zu nennen; von allen liegen jetzt deutsche bzw. englische Übersetzungen vor.

Makkis *Qūt al-qulūb* (Die Nahrung der Herzen) wurde besonders intensiv von seinen Nachfolgern benutzt, und das wichtigste Werk des gemäßigten Sufismus, Ghazzalis *Iḥyā' 'ulūm ad-dīn* (Wiederbelebung der Wissenschaften von der Religion) ist zu einem großen Teil von ihm abhängig, hat es aber an Wirksamkeit weit übertroffen. Der Verfasser des *Iḥyā'*, Abu Hamid al-Ghazzali (Ghazali, gest. 1111), war ein weitbekannter Theologe, der an der berühmtesten Hochschule seiner Zeit, der Nizamiyya in Bagdad, lehrte. In zahlreichen Werken wandte er sich gegen die Philosophen und die Batiniyya (d.h. ismailitische Strömungen) und legte eines Tages plötzlich sein Lehramt nieder, da er, wie er in seiner Autobiographie zeigt, mit keiner der Strömungen seiner Zeit zufrieden war; die hochgelehrten Theologen und haarspalterischen Juristen, die alle Details des Scheidungs- und Erbrechtes kannten, wußten ja nichts von der Gegenwart Gottes und von wahrer Gläubigkeit. So lehrte der vielseitig und umfassend gebildete Ghazzali schließlich in seinem Hauptwerk einen moderat mystisch getönten Weg zum lebendigen Glauben. Das umfangreiche Werk, das in vierzig Kapitel eingeteilt ist (40 ist ja die Zahl der Vorbereitung, der Geduld, von der sich auch die vierzigtägige Klausur des Sufi-Schülers herleitet, vgl. o. S. 21), beginnt mit der Darlegung der religiösen Pflichten des Muslims, lehrt, Gebotenes zu tun, Verbotenes zu vermeiden und führt dann im vierten Buch zu den Erfahrungen mystischer Art, zur Sehnsucht, Liebe, Zuneigung, zu Gottvertrauen und ähnlichem, bis das vierzigste Buch die Haltung des guten Muslims zum Tode darlegt.

Dieses Werk Ghazzalis hat den gemäßigten Sufismus für viele Muslime akzeptabel gemacht; es gehört zu den wichtigsten Schriften des Mittelalters.

Doch ist es erstaunlich, daß gerade Ghazzali, dessen Schriften den eher nüchternen „Bagdader Sufismus“, wie man zu sagen pflegt, so weit verbreitet haben, auch ein Büchlein verfaßt hat, das schon auf die künftigen Entwicklungen hinweist; es ist *Mischkāt al-anwār* (Die Lichternische, eine Anspielung auf Sure 24, 35), in der man eine geradezu „theosophisch“ anmutende Lichtmystik findet, deren zeitlicher Platz in Ghazzalis Lebenswerk aber nicht feststeht.

Jedenfalls steht Ghazzali gewissermaßen am Ende der frühen, voluntaristischen Mystik, deren Ziel das Entwerden des menschlichen Willens im göttlichen war und in der die hingebungsvolle Gottesliebe das zentrale Gefühl war.

Doch hatte dieser frühen Sufi-Haltung noch ein theoretischer, philosophischer Überbau gefehlt, der zwar in einzelnen Schriften über die Heiligenhierarchie oder kleinen Abhandlungen zu sehen ist, aber erst im 12. Jahrhundert deutlicher hervortritt und dann im 13. Jahrhundert den Sufismus weitgehend verändern sollte. Ghazzalis ‚Lichternische‘ steht am Anfang solcher Strömungen.

Genau achtzig Jahre, nachdem Ghazzali in seiner Heimat in Nord-Ost-Iran verstorben war, wurde in Aleppo ein junger persischer Denker wegen seiner kühnen Theorien getötet. Das war Schihabaddin as-Suhrawardi, der „Meister der Erleuchtung“, *schaich al-ischrāq*, auch Suhrawardi *al-maqtūl* (Der Getötete) genannt. Aus Iran stammend, hatte er in arabischen und persischen Werken eine Theosophie der Erleuchtung entwickelt, in der er auf alt-ägyptische, hermetische, griechische und altiranische Traditionen zurückgriff und ein faszinierendes System schuf, das seine Verwandtschaft mit hellenistischen und gnostischen Strömungen nicht verleugnet.

Für Suhrawardi „ist Existenz gleich Licht" – sagt nicht der Koran „Gott ist das Licht der Himmel und der Erde?" (Sure 24, 35). Dieses absolute Licht erreicht die geschöpfliche Welt durch ungezählte vertikale und horizontale Ordnungen von Engelswesen. Der Archetyp der Menschheit unter den Engeln ist Gabriel, und alle Dinge werden ins Leben gerufen durch den Laut von Gabriels Schwingen. Aufgabe des Menschen ist es, das existentielle Licht zu erkennen und sich ihm anzunähern, und je stärker er sich von den Dunkelheiten des eigenen Ich löst und vom Licht durchdrungen wird, desto näher kommt er dem Göttlichen. Die Seele, so sagt Suhrawardi mit einer Vorstellung, die schon aus dem gnostischen „Lied von der Perle" bekannt ist, befindet sich in einem dunklen Brunnen im Westen und hat ihre Lichtheimat vergessen; wenn sie wieder Kunde davon erhält, wird sie sich auf den Weg zur Heimat aufmachen und schließlich Jemen, das Land der „jemenitischen Weisheit", erreichen, wo die Erzengel lokalisiert sind. Der Gegensatz zwischen dem dunklen, materiellen Westen und dem lichtvollen Osten, der sich auch in der europäischen Tradition (so bei den Rosenkreuzern) findet und in zahlreichen Mythen und Geschichten von der „Morgenlandfahrt" der Seele aufgegriffen ist (und bis heute in gewisser Weise fortlebt), ist in Suhrawardis Konzept vom „westlichen Exil" sehr klar ausgedrückt.

Das philosophische System des iranischen Denkers ist freilich sehr kompliziert. Doch verstand er es trefflich, seine hochfliegenden Gedanken auch in kleinen persischen Fabeln und Parabeln auszudrücken, die von den Erfahrungen der Seele im Exil berichten, von ihrer Vergeßlichkeit und ihrer Befreiung.

Die Erzählung, die Anekdote als Lehrmittel, deren erste feine Beispiele man schon im 9. Jahrhundert bei dem ägyptischen Sufi Dhu'n-Nun findet, ist bis heute ein legitimes Erziehungsmittel und wird auch in unseren Tagen in zahlreichen populären Werken über den Sufismus verwendet, freilich oft verflacht und unter Heranziehung anderer Traditionen – wie etwa Nasreddin Hoca, der bäurische Schelm der türkisch-persischen Tradition, jetzt häufig als Träger solcher Lehrgeschichten dient, vielleicht in Fortführung der Rolle des Narren, der so prominent in ʿAttars Werken auftritt. Man kann zwar nicht annehmen, daß ʿAttar von den persischen Fabeln seines mit ihm etwa gleichaltrigen Landsmannes Suhrawardi Kenntnis hatte (wenn auch beide dem „Gottesvogel" Simurgh wunderbare Worte gewidmet haben), aber die Kunst der Lehr-Erzählung scheint allgemein in der zweiten Hälfte des 12. Jahrhunderts an Beliebtheit zugenommen zu haben – vielleicht, weil der Sufismus nun aufhörte, nur für eine geistige Elite dazusein, und sich durch das Aufkommen der Bruderschaften zu einer Massenbewegung wandelte, in der die komplexen Systeme der damals entstehenden theosophischen Mystik auch für Laien einigermaßen verständlich gemacht werden mußten. Suhrawardi al-Maqtul dürfte einer der ersten Meister gewesen sein, die ihre Lehren auch dem nicht philosophisch vorgebildeten Muslim zugänglich machten – eine Kunst, die sich in Derwischkreisen immer weiter entwickelte und sich in der persischen dichterischen Tradition besonders schön zeigt.

Als Suhrawardi 1191 wie sein Ideal al-Halladsch wegen angeblicher Ketzerei sterben mußte, war ein junger Mann aus Murcia, Spanien, gerade im Begriff, sich einen Namen zu machen. Das war der 1165 geborene Muhyi'ddin Ibn ʿArabi, der von seinen Anhängern als der *schaich al-akbar,* der Größte Meister, bezeichnet wird. Ja, eine Reihe von Spezialisten auf dem Gebiet des Sufismus sind der Meinung, daß das Wort „Sufismus" nur auf die von Ibn ʿArabi entwickelte Weltschau angewendet werden dürfe.

Schon als Knabe soll Ibn ʿArabi außerordentliche geistige Fähigkeiten gezeigt, sich ohne Worte mit dem großen Philosophen Ibn Ruschd (Averroes) unterhalten haben und mit Visionen und Auditionen begnadet worden sein. Sein Weg, den seine Biographin Claude Addas sorgfältig nach allen erreichbaren Quellen nachgezeichnet hat, führte ihn über Nordafrika nach Mekka, wo er 1201 beim Umkreisen der Kaaba mit einer gewaltigen Vision begnadet wurde, deren Inhalt er in den folgenden Jahren und Jahrzehnten in seinen *Futūḥāt al-makkiyya* (Die Mekkanischen Eröffnungen) entwickelte. Dieses Werk versucht in 560 Kapiteln eine vollständige Welt- und Gottesschau zu vermitteln; Inhalt und Struktur erschließen sich jedoch nur einem geduldigen, mit besonderer Einsicht begabten Leser.

In Mekka begegnete Ibn ʿArabi einer hochgebildeten jungen Perserin, die ihn zu zarten Liebesgedichten im klassischen arabischen Stil inspirierte. Später interpretierte er die Verse als metaphorische Hinweise auf mystische Erfahrungen und führte damit eine Methode ein, die in den folgenden Jahrhunderten bei den Sufis sehr beliebt wurde, nämlich, irdische Liebesgedichte mit Hilfe komplizierter Gleichungen als Ausdruck religiöser Erlebnisse zu erklären. Diese Technik führte dann oft dazu, daß aus anmutigen Liebesversen philosophisch befrachtete Abhandlungen wurden. Gewiß kann die irdische Liebe als ‚metaphorische Liebe' die Brücke zur Gottesliebe bilden, und Bilder irdischer Sehnsucht dienen in allen mystischen Strömungen der Welt dazu, das Sehnen der Seele nach Gott anzudeuten. Aber es scheint, daß Ibn ʿArabi darlegen wollte, es handele sich hier um geistige Erfahrungen, die nur zum besseren Verständnis der Hörer in erotischen Bildern symbolisiert seien. Aber bei der von ihm und seinen Nachfolgern verwendeten Methode fällt es dem Leser doch oft recht schwer, das gelehrte Vokabular der Kommentare zu verstehen oder gar zu genießen ...

Ibn ʿArabi reiste viel in der zentralen islamischen Welt. Er heiratete mehrmals, darunter eine Witwe aus Anatolien, deren Sohn, Sadraddin Qonawi (gest. 1274) zu seinem ersten großen Interpreten wurde. Sadraddin lebte zur gleichen Zeit wie Dschalaladdin Rumi in Konya, und er dürfte seinen großen Mitbürger zu einem gewissen Grade in die Gedankenwelt seines Stiefvaters eingeführt haben (die Rumi allerdings nur zum Teil goutierte, obgleich alle späteren Kommentatoren seines *Mathnawī* ihn im Lichte von Ibn ʿArabis Theorien verstanden haben).

In späteren Jahren verfaßte Ibn ʿArabi auf Grund einer Traumerscheinung des Propheten seine *Fuṣūṣ al-ḥikam* (Ringsteine der Weisheitsworte), eine Prophetologie, in der die Wesenseigenheiten der 27 im Koran genannten Propheten dargelegt werden, gipfelnd in Muhammad, dessen Ausspruch: „Mir wurden liebgemacht von eurer Welt die Frauen und der Wohlgeruch, und mein Augentrost ist im Gebet" das Motto für seine mystische Biographie des Propheten ist. Die theologischen Diskussionen um die *Fuṣūṣ al-ḥikam* gehen noch immer weiter; denn viele Kritiker sahen und sehen das Werk als ketzerisch und gefährlich an.

Ibn ʿArabis Gedanken haben die Sufik vom späten 13. Jahrhundert an tief durchdrungen, wenn sie auch in orthodoxen Kreisen tabu waren; seine Vorstellungen von Gott, Schöpfung und Welt sind, häufig in verwässerter Form, überall dort gepflegt worden, wo es Sufis gab, und sein Vers:

Ich folge der Religion der Liebe,
wohin immer ihre Reittiere ziehen,

ist, oft aus dem Kontext genommen, zu einem Lieblingswort vor allem westlicher Sufi-Freunde geworden. Daß der große Andalusier den vor-islamischen Religionen einen Wahrheitsgehalt zubilligte, sie aber Sternen verglich, die beim Aufgehen der Sonne (= des Islam) zwar vorhanden sind, aber keine leitende Funktion mehr haben, und daß sein Werk scharfe Angriffe gegen seine christlichen Zeitgenossen enthält, sei nur am Rande erwähnt.

Ibn ʿArabis zentrale Lehre ist *waḥdat al-wudschūd*, „Einheit des Seienden, der Existenz", ein Begriff, der so nicht von ihm, sondern erst von seinen Kommentatoren gebraucht wurde. Man hat das System als Seins-Monismus bezeichnet, doch ergibt sich die Schwierigkeit, das Wort *wudschūd* recht zu übersetzen. Es bedeutet „Finden, Gefundenwerden" und dient zur Bezeichnung des unerreichbaren Urgrundes, des *deus absconditus*. Alles Geschaffene ist irreal, aber jedes Wesen hat einen gewissen Anteil am *wudschūd*, spiegelt etwas von den Gottesnamen wider und kann so mit Ibn ʿArabis Lieblingsbegriff als *barzach* bezeichnet werden – das ist der Isthmus, der zwei Dinge trennt und gleichzeitig verbindet; jedes geschaffene Wesen hat am *wudschūd* und am Nichtsein Anteil. Daher gibt es kaum eine einheitliche Aussage Ibn ʿArabis zu irgend etwas; denn alles kann von zwei Seiten gesehen werden. Das trifft auch auf den Gottesbegriff zu, wie er von Menschen formuliert wird; der Verstand betont und besteht zwar auf Seiner Unzugänglichkeit und Unbegreiflichkeit; die Imagination jedoch (eines von Ibn ʿArabis Lieblingskonzepten) sieht Seine Erscheinung in allem, was existiert. Der bekannte Kontrast von *deus absconditus* und *deus revelatus* ist hier in etwas komplizierterer Weise angedeutet. Doch muß man beide Aspekte Gottes sehen; wer nur einen davon sieht, gleicht einem Schielenden oder Einäugigen. Unter allen Geschöpfen ist es nur der Mensch, der an allen Bedeutungen des *wudschūd* seinen Anteil hat, und er ist gerufen, die unendlichen Möglichkeiten des göttlichen Wesens zu erkennen und, wenn möglich, zu manifestieren. Ibn ʿArabi vergleicht *wudschūd* mit dem farblosen Licht, das von jedem Medium anders gebrochen, in anderer Farbe zurückgestrahlt wird – so ist der Gegensatz zur *waḥdat al-wudschūd*, der „Einheit des Seins", *kathrat al-ʿilm*, „Vielheit des Wissens", wie es sich in der Schöpfung reflektiert.

In späterer Zeit, und zwar vor allem in der östlichen islamischen Welt, ist das komplizierte System oft einfach in der persischen Formel *hama ūst*, „Alles ist Er", zusammengefaßt worden, die dem komplexen System keine Rechnung trägt, aber interessanterweise bereits vor Ibn ʿArabis Zeit, nämlich in den Werken ʿAttars (s. S. 57ff.) erscheint.

Ibn ʿArabis Schöpfungstheorie – oder besser, sein Schöpfungsmythos – ist ebenso einfach wie genial. Gott, das unerkennbare, unnennbare *wudschūd*, war allein in der anfangslosen Ewigkeit, obgleich die künftigen Dinge in ihrer in der Zeit entstehenden Form bereits in Seinem Wissen feststanden. Die in Ihm verborgenen Namen (jene schönsten Namen Gottes, von denen der Koran in Sure 59, 24 spricht) sehnten sich danach, sich zu manifestieren. Ein außerkoranisches Gotteswort läßt Gott sagen: „Ich war ein verborgener Schatz und wollte erkannt werden; darum schuf Ich die Welt.“ So brachen die Namen infolge ihrer Sehnsucht, erkannt und geliebt zu werden, aus dem verborgenen und niemals zugänglichen göttlichen Sein hervor, wie zu lange angehaltener Atem aus dem Körper bricht. Das ist es, was als *nafas ar-raḥmān*, „der Odem des Barmherzigen“, bezeichnet wird – jener Odem, der die ganze Schöpfung durchweht und die göttlichen Worte wirken läßt. Die Namen trafen auf das Nichtsein, das sie, gleichsam wie Spiegelstücke, reflektierte, und so ist die Welt gewissermaßen eine Spiegelung der göttlichen Namen. Sie existiert nur, so lange ihr Gesicht, die Oberfläche des Spiegels, Gott zugewandt ist; sonst verschwindet sie, denn sie ist absolut von Gott abhängig. Oder, in mehr technischer Sprache: die Schöpfung existiert nur so weit, als sie Anteil am *wudschūd* hat. Gott aber in Seiner Einzigkeit bleibt unberührt von der Welt und ist ausschließlich durch die Spiegelungen zu ahnen, und so erkennt jeder Ihn auf seine eigene Weise, je nach dem Namen, der sich in ihm am stärksten manifestiert. Ja, man kann sagen, Gott ist nur da, weil Er erkannt wird, so daß Ibn ʿArabis Leser manchmal an Rilkes Verse im ‚Stundenbuch‘ erinnert wird:

> Was wirst Du tun, Gott, wenn ich sterbe?
> Ich bin Dein Krug – wenn ich zerscherbe …

Gedanken, die in der deutschen Literatur bereits bei Angelus Silesius (gest. 1677) auftauchen. A. A. Affifi hat treffend bemerkt:

> Wir selbst sind die Attribute, mit denen wir Gott beschreiben; unsere Existenz ist geradezu eine Vergegenständlichung Seiner Existenz. Gott ist für uns notwendig, damit wir existieren können, während wir für Ihn notwendig sind, damit Er Sich für Sich Selbst manifestiert.
>
> Ich gebe Ihm auch Leben,
> indem ich Ihn in meinem Herzen kenne.

Wie aber läßt sich das mit dem koranischen Glauben an Gottes absolute Unbedürftigkeit vereinen?

Kritiker haben darauf hingewiesen, daß es in Ibn ʿArabis System keine reinliche Scheidung zwischen Gut und Böse gebe, da Gott und Mensch völlig voneinander abhängig seien und „alles am richtigen Platz“ sei.

Und doch, Ibn ʿArabi hat immer an der Bedeutung der Schariʿa, des durch Muhammad gebrachten Gesetzes, festgehalten; der Schariʿa zu gehorchen ist ihm zufolge der richtige Weg, der zur Glückseligkeit führt. Ebenso hielt er strikt an der wörtlichen Bedeutung alles dessen, was der Koran sagt, fest – es umzuinterpretieren schien ihm „Unhöflichkeit“ gegenüber Gott zu sein.

Der *schaich al-akbar* hat ein kompliziertes System der verschiedenen Schöpfungsebenen entwickelt. Die unterste Stufe, *mulk*, ist die geschöpfliche und sichtbare Welt, in der sich Gottes Schöpfung, *chalq*, verwirklicht. Dann folgt die Reihe der geistigen Welten, beginnend mit *malakūt*, in der sich der göttliche „Befehl“, *amr*, manifestiert (*chalq* und *amr* beruhen auf Sure 7, 54). Dann kommt die *dschabarūt*, in der die höchsten Engelswesen lokalisiert sind; darüber liegt die *lāhūt*, die göttliche Welt, deren höchste Spitze als *hāhūt* bezeichnet werden kann – das ist jene Sphäre, wo sich das *h*, der letzte Buchstabe von Gottes umfassendem Namen *Allāh*, befindet. Diesen Buchstaben der göttlichen Ipseität will Ibn ʿArabi einmal in einer grandiosen Vision erblickt haben. Zwischen der *ʿālam al-ghaib*, der „Welt des Verborgenen“, und der Welt des Sichtbaren *(ʿālam asch-schahāda)* liegt eine Zwischenstufe, *ʿālam al-mithāl*, die Welt des Imaginalen, in der sich alle noch nicht realisierten Möglichkeiten befinden, denn die Kraft des Imaginalen (nicht Imaginären!) ist die zentrale Wirkkraft in Ibn ʿArabis Universum. Die *ʿālam al-mithāl* spielt besonders im späteren Sufismus eine wichtige Rolle; denn der vollkommene Meister kann durch seine Seelenkraft und Konzentration zukünftige Ereignisse aus dieser Welt herabbeschwören und in der sichtbaren Welt verwirklichen. Wer näher mit Sufi-Meistern in Verbindung gestanden hat, weiß, daß viele Fromme ihrem Meister die Fähigkeit zur Einwirkung auf die *'ālam al-mithāl* zuschreiben.

Hier tritt anstelle des verhältnismäßig schlichten Weltbildes des frühen Sufismus ein gnostisches System, in dem der Sucher gerufen ist, „die Schleier der Unwissenheit zu zerreißen", so daß er das Wirken Gottes in den verschiedenen Rängen von göttlichen Attributen und Tätigkeiten erkennen kann – eine intellektualistische Mystik, die, wie es scheint, gerade für moderne Europäer und Amerikaner eine besondere Anziehungskraft hat, so sehr sie der leidenschaftlich brennenden Liebe entbehrt, die die schönsten Äußerungen des Sufismus inspiriert hat. Doch manch einer findet, daß das Ausbrechen der Namen ins Nicht-Sein eine poetische Umschreibung dessen ist, was wir heute als „Urknall" bezeichnen.

Ein zentraler Punkt in Ibn 'Arabis System ist seine Lehre vom Vollkommenen Menschen (*al-insān al-kāmil*). Der Prophet Muhammad, seit Jahrhunderten ein Mittelpunkt mystischer Frömmigkeit, ist das erste, was Gott aus Seinem Licht geschaffen hat; er ist gewissermaßen die Nahtstelle zwischen dem göttlichen *wudschūd* und der Menschheit, das Muster für alle Gläubigen. Denn der Mensch, der alle Namen Gottes in sich trägt, kann immer vollkommener werden, wenn er diese Namen in sich harmonisch verwirklicht. Die Umschreibung dieser Erfahrung wird als Aufstieg durch die Ränge der Muhammad vorausgehenden Propheten beschrieben, bis der Sucher das „Entwerden im Propheten" erreicht, nicht aber, wie frühere Sufis es erhofften, das „Entwerden in Gott"; denn Gott ist der ewig Unerkennbare, dem man sich nur durch Seinen Propheten nahen kann, indem man diesen als absolutes Modell der Vollkommenheit akzeptiert. Doch darf man dabei nie vergessen, daß Muhammad immer ein Geschöpf und „Gottes Diener" bleibt und niemals dem christlichen „Gottessohn" vergleichbar ist. Das Thema des „Vollkommenen Menschen" ist in der späteren islamischen Literatur oft behandelt worden; die klassische Studie ist Dschilis (gest. 1428) Werk *Al-insān al-kāmil.*

Ein interessanter Aspekt der Lehren Ibn 'Arabis ist der hohe Rang, den die Frauen besitzen. Er hatte in Cordoba in seiner

Jugend Frauen als Lehrerinnen der Mystik gehabt und wies von daher den Frauen auch die Möglichkeit zu, hohe Ränge in der Heiligenhierarchie zu erlangen. Ja, in einer berühmten Bemerkung bemüht er sich, zu zeigen, daß Gott durch das Weibliche eher zu erkennen sei als durch den Mann, da in der Frau aktives und passives Element gleichermaßen vorhanden sei.

Ibn ʿArabi behauptete, den höchsten Rang, der einem Menschen gegeben werden kann, erreicht zu haben, nämlich, „das Siegel der muhammadanischen Heiligkeit" zu sein. Wie Muhammad das „Siegel der Propheten" ist (Sure 33, 40), so ist Ibn ʿArabi dank seiner Einweihung durch Jesus, den Heiligen unter den Propheten, das „Siegel der muhammadanischen Heiligkeit". Und nicht nur diesen hohen Anspruch hat er; in einem Traum sah er, daß in der Kaaba ein goldener und ein silberner Ziegel fehlten und er an deren Platz gesetzt wurde, so daß die Kaaba mit ihrer Heiligkeit durch ihn vollendet wurde.

Das Werk Ibn ʿArabis hat die nachfolgenden Generationen, ja den gesamten Sufismus bis in unsere Tage beeinflußt, und sein Name wird auch bei solchen Sufis, die seinen Theorien etwas kritischer gegenüberstehen, mit Hochachtung genannt. Die Interpretationen klassischer mystischer Texte, vor allem der Werke Dschalaladdin Rumis, durch die Lehren Ibn ʿArabis haben das Verständnis der frühen Sufik lange überlagert, bis in unserem Jahrhundert durch das Bekanntwerden zahlreicher alter Textzeugnisse, das heißt Texte aus der Zeit vor Ibn ʿArabi, neue Interpretationen der Geschichte des Sufismus möglich wurden; Louis Massignons Werke über al-Halladsch sind ein Musterbeispiel solcher Interpretationen.

So sehr ein nüchterner Leser die grandiosen Visionen und das unerhörte Selbstbewußtsein des Andalusiers mit Kopfschütteln betrachten wird – das Interesse europäischer Wissenschaftler an Ibn ʿArabis Werk ist im Wachsen, denn „er hat eine Antwort für alles". Die Literatur über ihn nimmt ständig zu; Versammlungen der Ibn-ʿArabi-Society in London finden regelmäßig statt und sind gut besucht. Und es genügt, die feine Ausgabe der ‚Kleineren Schriften des Ibn al-ʿArabi' durch H. S. Nyberg (1918) mit den jüngsten Werken von Michel Chodzkiewicz und vor allem William Chittick zu vergleichen, um den Unterschied zu erkennen zwischen der traditionellen Erklärung seiner Theosophie als eines islamisierten Neuplatonismus und dem Bestreben, den *schaich al-akbar* als esoterischen Interpreten der koranischen Offenbarung und Schöpfer eines allumfassenden Systems der Welterklärung darzustellen. Doch da Ibn ʿArabi mehr als 600 Schriften hinterlassen hat (von denen manche allerdings recht kurz sind) und da allein die Interpretation der *Futūḥāt* ein Menschenleben erfordert, weil dieses Werk in unglaublich komplizierter Weise ein gewaltiges Netz von Ideen, Weisheitsworten und Visionen bildet, wird der Versuch, sein Werk zu verstehen, die Spezialisten in Ost und West sicher noch lange beschäftigen, während sich andere aus der Kühle seines Systems lieber in die Wärme der liebestrunkenen, leid-durchtränkten Dichtung zurückziehen.

4. Sufismus und Literatur

Die meisten Menschen, die das Wort „Sufismus" hören, denken zunächst an „tanzende Derwische" oder an poetische Schilderungen von ekstatischen Festen, wo der Wein der Gottesliebe alle berauscht, oder an feurige Liebesverse. In der Tat ist der im Westen am besten bekannte Aspekt des Sufismus seine Literatur, genauer gesagt, die persische Poesie, die unter dem Einfluß des Sufismus entstand und zum Teil in mehr oder minder guten Nachdichtungen (besser: freien Nachbildungen) westlichen Lesern zugänglich gemacht wurde. Mystische Bewegungen in allen Religionen haben ihre Geheimnisse ja am liebsten in Poesie ausgedrückt, wenn das Übermaß der Liebessehnsucht sie überwältigte – und im Islam ist das nicht anders.

Zugegebenermaßen ist die klassische arabische Sufi-Literatur stärker in ihren Prosawerken als in ihrer Poesie. Die kräftige und biegsame arabische Sprache eignete sich vorzüglich zum Ausdruck religiöser Erfahrungen; doch da der Koran sich gegen die Dichter aussprach, die das „sagen, was sie nicht tun"(Sure 2, 226ff.), dauerte es eine ganze Weile, ehe eine wirkliche religiöse Dichtung in der arabischen Welt entstand. Dennoch haben manche der frühen Sufis versucht, ihre Liebe in zarten kleinen, kunstlosen Verslein auszudrücken, wie sie zuerst von Rabiʿa (gest. 801) überliefert sind – ihre Verse sind heutzutage auch vertont und von der großen ägyptischen Sängerin Umm Kulthum vorgetragen worden. Eindrucksvoller aber sind die Prosatexte, vor allem die Gebete der frühen Sufis, die alle Möglichkeiten der Sprache zu klangvollen Anrufungen und hymnischen Darstellungen nutzten. Ein solches Gebet, das der Ägypter Dhu'n-Nun (gest. 859) verfaßte, dem wir zahlreiche große Anregungen verdanken, ist typisch für die sufische und allgemein islamische Weltanschauung, die erkennt, daß es nichts auf Erden gibt, das nicht Gott preist (vgl. Sure 57, 1).

Gott, nie lausche ich auf die Stimme eines Tieres
oder das Rauschen eines Baumes, das Sprudeln von
Wasser oder den Sang eines Vogels, das Brausen
des Windes oder das Dröhnen des Donners, ohne
zu finden, daß sie Deine Einzigkeit bezeugen und
darauf hinweisen, daß es keinen gleich Dir gibt,
daß Du der Herrscher bist, der nicht beherrscht
werden kann, der Gerechte, der nicht grausam ist,
der Vertrauenswürdige, der nicht lügt.

Die Gedichte des Märtyrermystikers al-Halladsch sind voller Zartheit, ohne jedoch sinnliche Bilder zu verwenden; doch schon hier erscheint die Neigung zu kabbalistischen Wort- und Buchstabenspielen, die ein wichtiger Bestandteil sufischer Texte sind.

Nur ganz selten in der Geschichte der frühen arabischen Sufiliteratur finden wir Gedichte, die sich der klassischen Bildersprache bedienen, wie sie aus vor- und frühislamischer Dichtung bekannt war – das ist eine Entwicklung im Hochmittelalter, die dann zum Modell für alle späteren Poeten wurde. Der kleine *Dīwān* des Ägypters Ibn al-Farid (gest. 1235) ist ein Musterbeispiel dieser Kunst. Ibn al-Farid hat das Geheimnis des urewigen Weines besungen, der die Liebenden „schon berauschte, ehe noch die Trauben geschaffen waren“, und er hat die Gefühle einer liebenden Seele angedeutet, wenn er schreibt:

... Es sieht ihn, sei er fern auch, jedes Glied doch,
in jedem zarten, klaren, holden Wesen,
im Lied der Laute und der sanften Flöte,
wenn sie in süßen Melodien sich mischen;
in baumbestandener Gazellenweide,
in Dämmrungskühle und beim Morgenglanze,
im Tropfenfall aus feinen Wolkenschleiern
auf Teppiche, aus Blumen licht gewoben,
und wo der Morgenwind schleift seine Säume,
wenn er mir früh die Düfte lieblich zuträgt,
wenn ich des Bechers Lippe küsse, schlürfend

den reinsten Wein in tiefem Glück und Freude!
Ich kannte Heimweh nicht, da er bei mir war;
mein Herz war ruhlos nicht, wo wir auch waren ...

Und in seiner *Tā'iyyat al-kubrā*, dem „größeren auf *t* reimenden Gedicht", hat Ibn al-Farid versucht, in mehr als 750 Versen die Erfahrungen des Suchers auf dem Pfade anzudeuten, wobei er auch ein Bild verwendet, das schon damals in der Poesie bekannt war: das vom Schattenspiel. Ist nicht Gott der große Puppenspieler, der alles an unsichtbaren Fäden hält? Denn:

Was du auch siehst, es ist das Werk des Einen!

Auch Ibn al-Farids Zeitgenosse, der bereits genannte Ibn ʿArabi, schrieb Gedichte, doch hielt er es für klug, seine Liebesverse mit einem dichten Kommentar philosophischer Erklärungen zu versehen, um sie „unschädlich" zu machen (s. S. 39). Seine Methode wurde von späteren Dichtern oft übernommen.

Daß die arabischen Zeitgenossen der beiden genannten Sufis sich auch in mystisch gefärbter Dichtung zu Ehren des Propheten auszeichneten, sei am Rande erwähnt. Denn mit der immer stärker in den Mittelpunkt der Frömmigkeit tretenden Verehrung des Propheten Muhammad werden auch Loblieder auf ihn in allen islamischen Sprachen häufiger. Doch immer noch ist die *Burda* des Busiri (gest. 1296) das bekannteste mystisch getönte arabische Prophetenloblied, das der Dichter nach einer Traumheilung verfaßt hatte: Der Prophet hatte ihm seinen jemenitischen Mantel, die *burda*, übergeworfen, und er erwachte geheilt; deshalb wird auch dem langen Gedicht eine Segenswirkung zugeschrieben, und Tausende von Abschriften, zum Teil in edler Kalligraphie, existieren von Marokko bis Indien; die feierliche Rezitation der *Burda* wird bis heute gepflegt.

Ebenfalls in Ägypten entstand eines der schönsten Andachtsbücher arabischer Zunge, die Weisheitsworte, *Ḥikam*, Ibn ʿAta' Allahs (gest. 1309), die vielen Frommen bis heute Trost spenden, weil der Leser den schwingenden Klang ihrer Worte immer aufs neue genießen wird:

Nicht ein Atemhauch, den du tust,
in dem Er nicht eine Seiner Bestimmungen
in dir vollziehe!

Der Achtlose fragt sich am Morgen: „Was werde
ich tun?"
Der Vernünftige schaut: „Was wird nun Gott mit
mir tun?"

Mein Gott, durch die Mannigfaltigkeit der
geschaffenen Zeichen und den ständigen
Wechsel der Phasen habe ich gelernt,
daß es Dein Wille ist, Dich mir kenntlich zu
machen in allem,
damit ich Dich nirgendwo *nicht* erkenne.

Ibn 'Ata' Allah verfaßte auch ein wichtiges Handbuch über das Gottgedenken, das immer noch benutzt wird. Sein Mausoleum liegt in der Qarafa, dem riesigen, heute weitgehend überbauten Gräberfeld Kairos, wo der Besucher auch Dhu'n-Nun, Ibn al-Farid und viele andere Meister des Sufismus begraben findet. –

Die Blüte der Sufi-Dichtung aber entstand im iranischen Gebiet. Schon früh hatten Fromme aus Iran eine wichtige Rolle bei der Entwicklung des Sufismus gespielt – so sehr, daß manche früheren Forscher den Sufismus geradezu als „Reaktion des arischen Geistes gegen den starren semitischen Glauben" angesehen haben. Die Perser verwendeten jedoch in den ersten Jahrhunderten des Islam die arabische Sprache für ihre Werke, so wie mittelalterliche Christen gleich welcher Herkunft sich auf Latein ausdrückten. Erste sufische Werke entstanden in der zweiten Hälfte des 11. Jahrhunderts. Damals verfaßte Hudschwiri, der unter dem Namen Data Gandsch Bachsch noch immer in Lahore verehrt wird (gest. ca. 1072), sein Lehrwerk *Kaschf al-maḥdschūb* (Die Aufdeckung des Verschleierten), das Sufi-Biographien und Interpretationen der verschiedenen Stadien des Sufi-Pfades bietet. Fast gleichzeitig schrieb ʿAbdallah-i Ansari in Herat (gest. 1089), ein Vertreter der strengen hanbalitischen Rechtsschule, nicht nur Anweisungen für den Sufi-Pfad, biographische Werke und Korankommentare, sondern auch das kleine persische Gebetbuch, *munādschāt*, das bis heute nicht nur an seinem Mausoleum in Gazurgah nahe Herat rezitiert wird, sondern überall, wo man Persisch spricht. In seiner Schlichtheit ist es ein wahres Vademecum:

O Herr, gib meinem Herzen
voll Gnade Lebensgeist
da allem Schmerz geduldig
Du Arzeneien leihst.
Was wüßt' ich armer Sklave,
was es zu suchen gilt?
Der Wissende bist Du nur
– so gib mir, was Du weißt!

O Gott, nimm meine Entschuldigung an –
und halte nicht fest, was ich Böses getan!

O Gott, unser Leben ist in den Wind gewandelt; –
wir haben unseren Körper mißhandelt –
und haben dem Satan zur Freude gehandelt!

O Gott, vor und hinter der Gefahr finde ich keine
Wege – ergreife meine Hand, denn außer Dir finde
ich nicht Hege noch Pflege …

Die Entwicklung der Sufik – nicht nur im Gebiet des heutigen Afghanistan, sondern generell – kann der Leser am besten erkennen, wenn er diesen ganz schlichten Worten ein Werk von ähnlichem Umfang gegenüberstellt, das 400 Jahre später in der gleichen Stadt Herat verfaßt wurde. Es sind Dschamis (gest. 1492) *Lawā'iḥ* (Aufblitzende Lichter), die, wie Ansaris Gebete, in einer Mischung von Prosa und Poesie verfaßt sind. Der kindlichen Hingabe an den vergebenden Gott steht hier philosophisch getönte, intellektuelle Anbetung gegenüber, die von Ibn ʿArabis Gedankengut beeinflußt ist:

Der Absolut Schöne ist der Allgewaltige und
Überreiche:
Jede Schönheit und Vollkommenheit, die auf allen
Rangstufen sichtbar wird, ist der Abglanz Seiner
Schönheit und Vollkommenheit, die dort aufblitzen
und durch welche die auf diesen Rangstufen
Befindlichen die Qualität der Schönheit und die
Eigenschaft der Vollkommenheit besitzen.
Wen immer du als weise kennst, der ist es durch
Sein Wissen, und wo immer du Einsicht siehst,
ist es die Frucht Seiner Einsicht ...

Der östliche Teil des iranischen Kulturgebietes, das heutige Afghanistan, wurde zur Wiege einer besonders wichtigen Entwicklung der sufischen Literatur. Sana'i, ein Hofdichter in Ghazna (gest. 1131), verfaßte nicht nur prachtvolle panegyrische Verse und anmutige Liebesgedichte in seiner persischen Muttersprache, sondern schrieb zum ersten Mal ein Epos in reimenden Doppelzeilen, ein sogenanntes *mathnawī*. Diese Form war ein Jahrhundert zuvor in eben dieser Stadt Ghazna von Firdausi für sein rund 50000 Verse langes *Schāhnāma*, das persische ‚Königsbuch', verwendet worden. Sana'i nannte sein Werk *Ḥadīqat al-ḥaqīqat* (Der Garten der Wahrheit) und legte neben bekannten Anekdoten und lehrhaften Abhandlungen aller Art darin einige Lehrerzählungen vor, die im Sufismus bis heute zentral sind. Darunter ist die aus Indien stammende Geschichte von den Blinden und dem Elefanten – die schönste Parabel dafür, daß die Menschen niemals das Göttliche in seiner Ganzheit begreifen (im wahrsten Sinne des Wortes!) können, sondern daß jeder nur nach dem winzigen Teil urteilt, der ihm zugänglich ist.

... und jeder, der ein Glied von ihm berührte,
erfuhr nur das, was seine Hand verspürte,
und jeder machte sich ein falsches Bild
und band sein Herz an Phantasiegebild!
Als sie zur Stadt zurückgekehrt im Lauf,
da führten sie sich gar großmäulig auf,

da alle nach der Form des Tieres fragten,
und lauschten gut auf das, was jene sagten.
Der eine griff des Elefanten Ohr
und redete dem, der ihn fragte, vor:
„Welch eine Form das Riesen-Untier hatte –
ganz breit und schwer und weit, wie eine Matte!"
Und der den Rüssel griff mit seiner Hand,
sprach: „Dieses ward mir ganz genau bekannt:
Er ist so lang wie eine Regenrinnen,
ganz fürchterlich, und auch ganz hohl von innen!"
Und wer berührte von dem Elefanten
mit seiner Hand die Füße des Giganten,
der sprach: „So stark und fest ist seine Form
wie einer kegelförm'gen Säule Norm!"
Denn jeder hatte nur ein Teil berührt –
so waren in die Irre sie geführt,
befangen in unnützer Phantasie,
im Sack gefang'ne Idioten sie!
Denn den Geschöpfen ist Gott nicht bekannt –
zu Ihm hat keine Wege der Verstand!

Im Gegensatz zu Sana'is großartiger Lyrik ist die *Ḥadīqat al-ḥaqīqat* etwas trocken; doch ihr Einfluß war ungeheuer. Im gleichen ostiranischen Gebiet, in Nischapur, erscheint ein knappes Jahrhundert später der Dichter, dem wir die schönsten mystischen Allegorien verdanken: Faridaddin ʿAttar, „der Drogist"(s. S. 57ff.).

Gleichzeitig mit Sana'i aber finden wir im westlichen und nördlichen Iran große Sufi-Denker. Das kleine persische Werk des Ahmad Ghazzali (gest. 1126), des jüngeren Bruders des schon erwähnten Abu Hamid al-Ghazzali, mit dem Titel *Sawāniḥ* (Einfälle), versucht in unendlich zarter Sprache die Geheimnisse der mystischen Liebe zu deuten – in Worten und Bildern, die sich immer wieder der kongenialen Übersetzung entziehen. So singt er von der Liebe:

Sie ist selbst Vogel und selbst Nest – sie ist
selbst Wesen und selbst Eigenschaften – selbst

> Schwinge und selbst Feder – selbst Luft und selbst Flug – selbst Jäger und selbst Beute – selbst Gebetsrichtung und selbst Beter – selbst Suchender und Gesuchter – selbst Erster und selbst Letzter – selbst Fürst und selbst Untertan – selbst Schwert und selbst Scheide. – Sie ist Hag und auch Baum – ist Zweig und auch Frucht – ist Vogel und Nest.

Ähnlich andeutend sind die Werke seines jüngeren Freundes, ʿAin ul-Qudat-i Hamadani, der für seine Liebestheorien 1131 mit dem Leben zahlte.

Wir sehen, wie der Gedanke der Liebe immer stärker in den Mittelpunkt des Sufismus tritt; aber während die frühe Poesie noch kaum je sinnliche Metaphorik verwendete, entwickelte sich bald der Gedanke, daß sich die absolute, unerreichbare göttliche Schönheit auch in einem geschaffenen Medium spiegeln, durch ein irdisches Wesen aufscheinen kann. So kann ein schöner Mensch die Seele entflammen, und diese so entstehende Liebe wird „metaphorisch" genannt, denn, wie das arabische Sprichwort sagt, „die Metapher ist die Brücke zur Wahrheit", und das Ziel des Suchers ist die absolute Liebe, die zu Gott. Daß die orthodoxen Kreise solche Gedanken durchaus nicht schätzten, ist verständlich, und so sehr die Sufis darauf bestanden, daß die metaphorische Liebe keusch zu bleiben habe, war das nicht immer der Fall, selbst wenn dem Propheten das Wort zugeschrieben wurde: „Wer liebt und keusch bleibt und stirbt, der stirbt als Märtyrer." So gab die Neigung mancher Sufis zu jungen „unbärtigen" Knaben Anlaß zu mancherlei Skandalen. „Auf die Unbärtigen zu blicken" – das wurde den Sufis immer wieder zum Vorwurf gemacht. Doch diese beriefen sich auf ein angebliches Wort des Propheten Muhammad, der gesagt haben soll: „Ich sah meinen Herrn in schönster Gestalt", d.h. reflektiert in oder manifestiert durch die Schönheit eines Menschen, vorzugsweise eines Jünglings, der dann in der persischen Tradition manchmal noch mit dem Attribut „mit schräg aufgesetzter Mütze" (das ist das Kennzeichen eines koketten Jünglings) versehen wird.

Die gesamte Bildersprache der persischen und unter persischem Einfluß entstandenen Sufi-Dichtung lebt von solcher Schönheitsmystik, und deshalb ist es unnötig, nach dem „richtigen“ Sinn eines persisch-türkischen Gedichtes zu fragen; der Geliebte ist sowohl menschlich und weist als solcher auf die absolute Schönheit des Göttlichen hin, als auch der Eine, der urewige und niemals zu beschreibende Gott; und der Wein, der vom Schenken den Liebenden kredenzt wird, ist der berauschende Trank der Liebe, kann aber auch durchaus irdischer Wein sein; denn, wie Goethe im *West-Östlichen Divan* sagt:

Das Wort ist ein Fächer ...

Es ist gerade dieses Oszillieren zwischen den beiden Sinn-Ebenen, das den Reiz der klassischen Sufi-Poesie ausmacht, und da das Persische, in dem die meisten dieser Gedichte geschrieben sind, ebensowenig wie das Türkische ein grammatisches Geschlecht kennt, ist es dem Verständnis des Lesers überlassen, das geliebte Wesen als männlich oder weiblich anzusehen, wenn er nicht sogleich auf die religiöse Interpretation ausweicht.

Hier sei jedoch ein *caveat* angebracht: man sollte sich daran erinnern, daß das arabische Wort für „Seele, Selbst“, *nafs*, weiblich ist, und ein tieferer Blick auf die klassischen Epen und die Bildersprache allgemein gibt dem Leser doch das Gefühl, daß die Seele (des Dichters) als weiblich vorgestellt werden kann: Ist nicht Zulaicha, die sich so leidenschaftlich nach dem schönen Yusuf sehnte, wie Sure 12 andeutet, die Verkörperung der liebenden Menschenseele, die durch langes Leiden endlich zu ihrem Ziel, der Vereinigung mit oder zumindest der Annäherung an die Ewige Schönheit, gelangt? Damit hätte auch das männliche Objekt der Liebespoesie einen für viele Leser eher zugänglichen Sinn. Lesen wir, was Dschami (gest. 1492) in seinem Epos ‚Yusuf und Zulaicha‘ von der Absoluten, d.h. göttlichen, Schönheit singt:

Sie hob aus Yusufs Hemd mondgleich ihr Haupt empor
und ließ Zulaicha dann ihr Leben ganz zerstören.

Und überall erscheint nur ihre, ihre Schönheit,
die einen Schleier sich aus „den Geliebten" schafft.
In jedem Schleier, den du siehst, ist ihr Verschleiern,
und jedes Herz erbebt, weil es in ihrem Dienst.
Durch Seine Liebe nur hat unser Herz sein Leben,
durch Seine Liebe nur findet ihr Glück die Seele.
Ein Herz, das jene liebt, die reizend hier erscheinen:
Ob es dies weiß, ob nicht – es liebt in Wahrheit Ihn ...

Besonders in der sufischen Dichtung des indischen Subkontinents spielt die „Brautseele" eine zentrale Rolle. Doch darf man nicht übersehen, daß auch andere Bilder verwendet werden, um das unaussprechliche Verhältnis der liebenden Seele zu dem geliebten Gott anzudeuten. Eines davon ist die historisch korrekte Geschichte von Sultan Mahmud von Ghazna (reg. 999–1030) und seinem türkischen Offizier Ayaz, die unzählige Verse inspiriert hat; denn Mahmud hatte in der Tat eine tiefe Zuneigung zu Ayaz, und er wird in solchen Versen zum Symbol für Gott, der sich voller Liebe und Huld seinem Sklaven Ayaz zuneigt, der seinerseits alle Pflichten des liebenden und ganz ergebenen Sklaven mustergültig ausführt – ist doch der höchste Rang, den der liebende Mensch erreichen kann, der des gehorsamen Sklaven Gottes (s.o. S. 15).

Die zarten Darstellungen der Liebe in den Werken Ahmad Ghazzalis, der, wenn er sich in Ekstase versetzen wollte, eine Rose zwischen sich und den Geliebten stellte, haben ein Gegenstück in den Notizen eines Schiraser Sufis, des Ruzbihan-i Baqli, der 1209 in hohem Alter starb. Seine mystischen Tagebücher, die Andeutungen seiner Visionen und Entrückungen sind von außerordentlicher Kraft und eröffnen dem Leser eine Welt von Rosenwolken, tanzenden Engeln und göttlicher Trunkenheit, wie man sie selten, vielleicht nirgend sonst im Sufismus, findet.

Ich sah eines Nachts etwas, das die Himmel umschloß,
ein rotes Licht, das wie eine Perle schimmerte.
Ich fragte: „Was ist das?" und mir ward gesagt:
„Das ist der Mantel der Göttlichen Glorie". –

> Oft sah ich die Göttliche Wahrheit – transzendent ist Sie! – zwischen einem Rosenzelt, einem Rosenschleier und einer Welt weißer und roter Rosen. Er goß viele Rosen, Perlen und Rubinen über mich, und ich trank viel von dem Wein, dessen Quellen Er im Gebiet der Heiligkeit besitzt. Mysterien der „Ausdehnung" [d.h. des kosmischen Bewußtseins] geschahen zwischen Ihm und mir, und hätte jemand mich in diesem Zustand gesehen, hätte er mich des Unglaubens bezichtigt.

Daß Ruzbihan in seinem Werk *ʿAbhar al-ʿāschiqīn* (Die Narzisse der Liebenden; Henry Corbin übersetzt ‚Le jasmin des Fidèles d'amour') die Geheimnisse der keuschen Liebe andeutet und in einem anderen umfangreichen Werk die theopathischen Aussprüche oder Paradoxe, *schaṭḥ,* der Sufis ausführlich kommentiert, macht ihn zu einem der wichtigsten Vertreter der persischen Sufi-Tradition.

Dem am Sufismus interessierten Leser aber ist viel bekannter als der erst in den letzten Jahrzehnten wiederentdeckte Schiraser ein Schriftsteller aus Nischapur in Nord-Ost-Iran, etwa gleichaltrig mit Ruzbihan. Das ist der bereits genannte Fariduddin ʿAttar (gest. wohl 1221). Seine *Tadhkirat al-auliyā*, Biographien von nahezu hundert frühen Gottesfreunden, hat seit ihrem Bekanntwerden eine wichtige Quelle für unsere Kenntnis des Sufismus gebildet; ungezählte Schriftsteller im östlichen islamischen Bereich haben daraus geschöpft, wenngleich die Biographien durchaus nicht wissenschaftlich korrekt sind. Denn bereits vor ʿAttar gab es eine ganze Anzahl umfangreicher hagiographischer Werke, die von den frühen Meistern, ihrem Leben und ihren Aussprüchen handeln. Die *Tadhkirat* ist eines der ersten persischen Werke auf diesem Gebiet; die abschließende Sammlung in persischer Sprache ist Dschamis (gest. 1492) *Nafaḥāt al-uns* (Hauche der Vertrautheit), eine Neubearbeitung von ʿAbdallah-i Ansaris biographischen Notizen, die ihrerseits auf ein arabisches Werk Sulamis (gest. 1021) zurückgehen. In den einzelnen islamischen Ländern entstand dann eine Vielzahl von zum Teil höchst umfangreichen Sammlungen über das Wirken vor allem der lokalen Gottesfreunde, und diese Literatur lebt bis in unsere Zeit fort. Doch wenn ʿAttars *Tadhkirat* auch eine höchst wichtige Quelle für die Sufis selbst – wie auch für die westlichen Sufismus-Forscher – bildete, beruht sein Ruhm doch noch stärker auf seiner Dichtung. Seine lyrische Poesie ist anmutig und oft originell und nimmt manche Eigenarten der Sufi-Poesie späterer Jahrhunderte voraus; aber sein größter Ruhm beruht auf seinen Epen, vor allem auf dem *Manṭiq uṭ-ṭair* (Vogelgespräche). Vögel sind ja Seelentiere und erscheinen von früh an in der islamischen Literatur. Sprach nicht der König-Prophet Salomo mit den Vögeln, war ihrer Sprache, eben des *manṭiq uṭ-ṭair*, kundig? (Sure 27, 16). Schon Sana'i hatte einen ‚Rosenkranz der Vögel' erfunden, ein langes, schwieriges Gedicht, und sowohl Avicenna (gest. 1037) als auch al-Ghazzali verfaßten eine *risālat aṭ-ṭair,* eine ‚Epistel über die Vögel'. ʿAttar nun erzählt, wie der Wiedehopf, Hudhud, aus dem Koran (Sure 27, 20ff.) als Liebesbote zwischen Salomo und der Königin von Saba bekannt, die Vögel auffordert, ihn auf der Suche nach dem Vogelkönig Simurgh zu begleiten. Er beschreibt in Rede und Gegenrede die Argumente der Vögel gegen eine solche Reise (d.h., sie weigern sich mit tausend Vorwänden, das normale Leben aufzugeben und sich auf den mystischen Pfad zu begeben). Der Wiedehopf versucht sie mit zahlreichen Geschichten zu überzeugen, und schließlich unternehmen sie die Reise durch die sieben furchtbaren Täler. Am Ziel angelangt, erkennen die aus der großen Schar übriggebliebenen dreißig Vögel endlich ihre unerklärliche Identität mit dem Gott-Vogel – sie, dreißig Vögel, das ist persisch *sī murgh,* sind nur eine Art Spiegelbild oder Schatten des *Sīmurgh* ... Mit diesem genialsten Wortspiel der persischen Literatur hat ʿAttar auf das Geheimnis des Entwerdens vom eigenen Selbst und des Bestehens im Göttlichen hingewiesen. Verständlicherweise hat dieses Epos seit seinem Bekanntwerden in Europa durch die Bearbeitung und Übersetzung des französischen Orientalisten Garcin de Tassy im Jahre 1860 großes Interesse erweckt und ist seither immer wieder bearbeitet worden, auch dramatisch. Das Gegenstück zum *Manṭiq uṭ-ṭair* ist die Beschreibung des Weges nach innen im *Muṣībatnāma,* dem ‚Buch der Heimsuchung', in dem der Dichter die innere Reise des Suchers in der vierzigtägigen Klausur andeutet; er fragt alles Geschaffene nach dem Weg zu Gott und wird endlich vom Propheten Muhammad in das Meer seiner eigenen Seele gewiesen. Denn der Gesuchte und Ersehnte ist nicht draußen, sondern im Herzen des Suchers:

> Er ist in Jerusalem
> nicht, in Mekka nicht,

wie ein Jahrhundert später der türkische Volkssänger Yunus Emre im Einklang mit ungezählten Mystikern in Ost und West singen sollte. Findet der Bagdader Sucher, der von einem Schatz unter einer Brücke in Kairo geträumt hat, nicht den Schatz bei seiner Rückkehr in seinem eigenen Haus in Bagdad?

Zu ʿAttars beiden Epen, die den mystischen Pfad in seiner zweifachen Möglichkeit – den Weg aufwärts in die strahlenden Höhen des blendenden göttlichen Lichtes oder abwärts in die verborgenen Tiefen der Seele – schildern, kommt das *Ilāhīnāma*, in dem ein König seinen sechs Söhnen ihre törichten Wünsche auszureden versucht, sowie eine Anzahl von anderen epischen Dichtungen, deren Echtheit nicht immer gesichert ist.

ʿAttar, der immer wieder zu zeigen versucht, daß seine Dichtung keine Dichtung der Art ist, von der das arabische Sprichwort behauptet, „die beste Dichtung sei die lügenhafteste", möchte seinem Beruf treu bleiben. Er, der *ʿaṭṭār,* Parfüm- und Heilmittelhändler, Drogist, ist, will mit seinen Worten den Namen Gottes mit dem Duft der Poesie umhüllen, „Gott zu einem angenehmen Geruch". Aber man tut ʿAttar Unrecht, wenn man sich nur auf den Inhalt der oft geistreich, witzig oder auch tragisch erzählten Geschichten beschränkt, die den Hauptteil seiner Werke bilden und die Rahmenerzählungen füllen. Nein, gerade die Einleitungskapitel aller seiner Epen sind theologisch außerordentlich wichtig. Vor allem wird die hohe Stellung des Propheten, wie sie sich im Sufismus entwickelt hatte, in den herrlichsten poetischen Bildern besungen – sei es in Beschreibungen seiner Himmelsreise, sei es in der Schöpfungsgeschichte, wo ʿAttar andeutet, wie sich das als erstes von Gott geschaffene Licht Muhammads in der Urewigkeit in den Bewegungen des Ritualgebetes niederwirft und erhebt und so zum Ursprung des zentralen Ritus im Islam wird. Wer solche Verse liest, die meines Wissens theologisch noch nicht analysiert worden sind, kann sich ein Bild von der ganz außerordentlichen Verehrung Muhammads machen, die bei den Sufis im 12. Jahrhundert herrschte, und selbst wenn ʿAttar oft kritische Bemerkungen über Gott und die Welt in den Mund von Narren und Irren legt, steht er doch ganz tief in der islamischen Tradition. Gewiß, er weiß, wie auch andere große Sufi-Dichter, daß über allem die umfassende Gottesliebe steht, in der kein Raum für Glauben und Unglauben ist – die oft in der islamischen Welt wiedererzählte Geschichte von Scheich Sanʿan, der unter dem Ansturm einer überwältigenden Liebe „den Rosenkranz mit dem Ketzergürtel vertauscht" und sich bei der Christin, die er von ferne liebt, als Schweinehirt verdingt, bis er auf das inbrünstige Gebet seiner Jünger endlich wieder zum rechten Glauben zurückkehrt – diese Geschichte zeigt, daß jenseits der äußeren Formen die alles verzehrende und alles verwandelnde Liebe steht, in deren Rausch der Liebende dann auch Dinge sagt, die er besser nicht ausspräche. Kein Wunder, daß in ʿAttars Werk der Märtyrermystiker al-Halladsch eine zentrale Rolle spielt; er soll den Dichter „geistig" eingeweiht haben, und an ihm läßt sich das Prinzip des Leidens, das unabdingbar zur Liebe gehört, besonders gut zeigen. Nicht umsonst ist einer der häufigsten Reime, die man in ʿAttars Epen findet, der von *mard*, „Gottesmann", und *dard*, „Schmerz", – und das Motiv des Leidens, der unstillbaren Sehnsucht bildet die Kette für den vielfarbigen Einschlag der Geschichten in ʿAttars Dichtung. Er ist, wie er selbst von sich behauptet, „die Stimme der Sehnsucht". –

Es heißt, ʿAttar habe nicht lange vor seinem Tode den jungen Dschalaladdin kennengelernt, der sich mit seinem Vater und anderen Frommen auf der Flucht aus dem von den Mongolen bedrohten Zentralasien befand; doch dürfte das eine Legende sein, um die beiden großen Meister persischer mystischer Poesie miteinander zu verbinden. Dschalaladdin war 1207 der Überlieferung nach in Balch im heutigen Afghanistan geboren. Er ist es, dem die Popularität des Sufismus im Westen, die in den letzten Jahren ständig zunimmt, weitgehend zu verdanken ist, denn Selektionen aus seiner Dichtung in – meistens nicht sehr getreuen – Zweithandübersetzungen haben ihn besonders in Amerika außerordentlich beliebt gemacht. Dschalaladdin-i Balchi, später nach seinem langen Aufenthalt in Anatolien, dem „Land der Romäer", Rūm, meist „Rumi" genannt, war der Sohn eines Predigers, Baha-i Walad, der in seinen Tagebüchern eine höchst eigenwillige Art der Mystik beschrieben oder angedeutet hat, ein seltsames Erleben sinnlicher Erfahrung als Hinweis auf geistige Dinge oder als Manifestationen religiöser Erlebnisse, an der sein gesamter Körper teilhat. Gottesliebe erscheint ihm wie die Liebe des Weibes zum Mann, wobei er von den überraschendsten Einzelheiten seiner ekstatischen Beziehung zu Gott spricht, so daß der persische Herausgeber seiner Werke oftmals anstelle gewisser Wörter ein ... setzt. Sein Sohn Dschalaladdin sollte später viele dieser Gedanken in poetisch geläuterter Form übernehmen.

Die Wanderung aus dem Osten führte die Familie über Syrien nach Anatolien und schließlich nach Konya, dem alten Ikonium, wo der seldschukische Sultan zahlreiche Flüchtlinge aus dem zentralasiatischen Gebiet aufnahm. Fast gleichzeitig mit Baha-i Walad kam auch Nadschmaddin Daya Razi aus Iran nach Konya, dessen Werk *Mirṣād al-ʿibād* (Der Wachtturm der Gottesanbeter) zu einem wichtigen Handbuch des Sufismus werden sollte. – Baha-i Walad starb in Konya 1231; sein Sohn folgte ihm auf dem Lehrstuhl in einer der zahlreichen Medresen. Von einem Jünger seines Vaters geleitet, lebte er sich in den Sufismus ein; doch seine geistige Verwandlung geschah durch die Begegnung mit dem geheimnisvollen Wanderderwisch Schams-i Tabrizi, den er im Oktober 1244 traf und der in ihm das Feuer einer verzehrenden Liebe entzündete. Man muß betonen, daß dies nicht die Liebe eines Mannes zu einem schönen Jüngling war, sondern eine Beziehung zwischen zwei reifen Männern, die wahrscheinlich etwa gleichaltrig waren. – Schams verschwand nach einiger Zeit, und die Trennung verwandelte Dschalaladdin in einen Dichter, der unwillentlich und unwissentlich Hunderte von persischen Versen und auch eine Anzahl arabischer Gedichte sang, während er sich berückt zum Klange der Musik drehte. Schams wurde schließlich in Damaskus gefunden und von Rumis ältestem Sohn, Sultan Walad, nach Konya zurückgebracht; nach etwa einem halben Jahr verschwand er spurlos – ermordet von eifersüchtigen Jüngern Rumis, darunter dessen jüngstem Sohn. Doch die seelische Einheit zwischen Maulana, „unser Herr“, (türkische Aussprache *Mevlâna*) und Schams war nicht aufzulösen; die Gedichte, die in immer neuen Schüben entstanden, tragen als Verfassernamen den des Schams. Nach einiger Zeit fand Maulana eine gewisse Ruhe in der Freundschaft mit dem schlichten Goldschmied Salahaddin Zarkub, einem alten Bekannten, mit dessen Tochter er seinen ältesten Sohn Sultan Walad vermählte. Eine dritte Welle der Inspiration verdankte er seinem Lieblingsjünger Husamaddin Tschelebi, der ihn gegen Ende des Jahres 1256 bat, ein Lehrgedicht zu verfassen, damit seine Jünger nicht nur die Epen Sana'is und ʿAttars zu lesen brauchten. So entstand das *Mathnawī*, die „mystischen Doppelverse“, dessen Abfassung bis zum Tode Mevlânas dauerte. Das Ende ist offen. Doch eine Szene gegen Ende des 6. Bandes läßt erkennen, daß der Dichter wußte, daß sein Weg zu Ende war. Denn der große Monolog der Zulaicha *(Mathnawī* VI, Zeile 4020 ff.), die in jedem Wort, das sie sagt, einen Hinweis auf ihren geliebten Yusuf verbirgt, nimmt Rumis Bemerkung zu Beginn des Werkes (I, 135–36) auf, wo er seinen neugierigen Jünger Husamaddin warnt:

Des Freunds Geheimnis möge niemand lichten –
du höre auf den Inhalt der Geschichten!
In Märchen, Sagen aus vergangnen Tagen
läßt sich des Freunds Geheimnis besser sagen!

Jetzt, am Ende, wird dem geduldigen Leser der rund 26000 Verse klar, daß alle Geschichten, alle Symbole in irgendeiner Weise auf Schams deuten, dessen Geschichte er zu Anfang seinem Jünger nicht offen darlegen wollte.

Mevlâna starb am 17. 12. 1273, betrauert von den Angehörigen aller Religionsgemeinschaften in Konya, und sein ältester Sohn, Sultan Walad, der sich immer in den Willen des Vaters gefügt hatte, überließ die Ordensleitung zunächst Husamaddin, bis er nach dessen Tode 1289 die Leitung übernahm, die Mevlevis organisierte und das Ritual des *samā'*, des Drehtanzes, genau ordnete.

Rumis Lyrik – rund 40000 Verse – ist zum größten Teil inspiriert, und es erstaunt und entzückt den Leser und Hörer immer wieder, wie der Dichter in allen Dingen in der Welt einen Hinweis auf Gott, den ewigen Geliebten, findet. Wenn je ein Sufi das koranische Wort: „Wir werden ihnen Unsere Zeichen zeigen in den Horizonten und in ihnen selbst" (Sure 41, 53) zur Grundlage seiner Gedanken gemacht hat, so ist es Mevlâna; denn alles wurde für ihn zum Zeichen, das auf eine höhere Wahrheit hinweist – sei es das Würmchen, das den Baum langsam aushöhlt, so daß nur noch die äußere Hülle dasteht (so, wie die Liebe den Menschen völlig in Besitz nimmt, so daß von ihm nur noch Name oder Form bleibt); sei es der „Lenzwind der Liebe", der Bäume und Blüten aus dem schweren Winterschlaf weckt, wenn der Donner die Posaune der Auferstehung bläst und der Regen der Barmherzigkeit die tote Welt belebt, die nun von der Sonne der göttlichen Huld beleuchtet wird, während die Vögel auf den Zweigen ihr Gotteslob singen ... Speisen und Getränke, Kinderspiele und Berufe – sie alle sind für Rumi Symbole für etwas Höheres, und während man aus seinen Versen einerseits ein lebendiges Bild einer anatolischen Stadt des 13. Jahrhunderts zusammensetzen kann, spürt man doch, daß jedes Wort, selbst die zum Teil recht obszönen Geschichten, nur Hinweise auf eine höhere Wahrheit sind, zu der er die Menschen leiten wollte. Deswegen ist seine Lyrik und sind seine Geschichten bis heute frisch geblieben und sprechen auch Menschen an, die von den theoretischen Grundlagen des Sufismus nichts oder nur wenig wissen – Mevlâna wurde ja sogar von seinen Landsleuten getadelt, daß er in seinem Lehrwerk nicht von den Stationen und Stadien des Pfades sprach, keine komplizierten Theorien vorbrachte, sondern schlicht aus der alles umfassenden Erfahrung der Liebe sang – einer Erfahrung freilich, die auch unerhört schmerzlich sein kann, die den Menschen zerreißt wie ein schwarzer Löwe; die alles, was er hat, verbrennt oder, wie er mit einem seiner grotesken Bilder sagt, ihm wie ein Wegelagerer seine Geldbörse entreißt, ihn wie ein Vollstreckungsbeamter foltert – und hin und wieder dem Verstand mit der Keule über den Kopf haut oder ihm gar Opium zu schlucken gibt ... Und wenn in ʿAttars Geschichten das Ende manchmal offen ist oder die klagenden Protagonisten, die Armen und die Irren, keine positive, tröstliche Antwort auf ihre Klagen erhalten, so werden gelegentlich die gleichen Geschichten bei Rumi so erzählt, daß sie ein trostvolles Ende haben – immer wieder wirkt die göttliche Liebe.

Daß Mevlâna ein liebender Familienvater und ein sehr aktiver theologischer Lehrer war, daß er zahlreiche Jünger und Jüngerinnen hatte und sich, wie es aus seinen Briefen hervorgeht, intensiv um die Belange der Armen kümmerte, sei am Rande erwähnt, um das Bild etwas abzurunden. Man sollte auch sein Prosawerk *Fīhi mā fīhi* (Von allem und vom Einen) als Ergänzung zu seiner Dichtung lesen.

Der Mevlevi-Orden breitete sich unter den Mitgliedern der höheren Schichten im Osmanischen Reich aus, dessen Grenzen er jedoch nie überschritt. Musiker und Kalligraphen schlossen sich gern diesem Orden an. Nach der Schließung der Orden durch Atatürk 1925 wurde der Todestag Mevlânas erstmals wieder offiziell am 17. 12. 1954 gefeiert, und es war ein wirkliches Erlebnis, die alten Derwische zum ersten Mal seit 29 Jahren wieder zusammen den *samāʿ* vollführen zu sehen und den traditionellen Zauber noch einmal heraufzubeschwören. Jene Tage in Konya zeigten, wie stark die Liebe der Türken zu „ihrem" Mevlâna ist. Die jährlichen Gedenkfeste im Dezember ziehen immer mehr Gäste an; viele von ihnen kommen aus Europa und den USA. Daß sich jetzt verschiedene Zweige der modernen Mevlevis, ja sogar eine Gewerkschaft, gebildet haben, ist typisch für die Entwicklung in den Bruderschaften – auch dort ist man nicht immer von Ehrgeiz und Machtstreben frei. Und das große Problem ist, daß in der Türkei nur wenige Menschen imstande sind, das Werk Mevlânas im persischen Original zu lesen, so daß man auf nicht immer sehr gelungene türkische Übersetzungen angewiesen ist, in denen viel von der Schönheit des Originals wegfällt – in osmanischer Zeit gab es zumindest noch türkische Übertragungen, die das Metrum und damit die wichtige äußere Form des Originals beibehielten.

Der geistige Einfluß Rumis zeigt sich in der gesamten östlichen islamischen Welt. So nennt Dschami das *Mathnawī* den „Koran in persischer Zunge". Mevlânas Werk war seit dem frühen 14. Jahrhundert in Indien bekannt, und schon im ausgehenden 15. Jahrhundert sollen sich die Brahmanen in Bengalen damit auseinandergesetzt haben. (Persisch war die Verwaltungs- und Literatursprache des von Muslimen beherrschten Subkontinents.) Die Anzahl der Kommentare, die für das *Mathnawī* im Subkontinent geschrieben wurden, die Anspielungen auf seine Verse, vor allem auf den Anfang des *Mathnawī:*

Hör auf der Flöte Rohr, wie es erzählt
und wie es klagt, vom Trennungsschmerz gequält ...

sind unübersehbar, und zwar nicht nur in der indo-persischen und Urdu-Literatur der urbanen Dichter, sondern auch in den Regionalsprachen wie Sindhi oder Pandschabi, die ohne dieses Werk kaum zu denken sind. Daß Rumi zu Beginn unseres Jahrhunderts zum Inspirator des indo-muslimischen Modernisten Muhammad Iqbal werden sollte, zeigt, wie lebendig sein Gedankengut ist; Iqbal (gest. 1938), in Deutschland promoviert und großer Verehrer Goethes, entdeckte in Rumi die schöpferische Liebeskraft, die ihm für die Erneuerung der Muslime notwendig erschien, und so löste er sein Werk aus den Hunderten von Kommentaren, die im Geiste des großen

Theosophen Ibn ʿArabi im Laufe der Jahrhunderte verfaßt worden waren, und entdeckte Rumi als seinen Chidhr, den überirdischen Führer auf dem Wege zu Gott.

Rumis *Mathnawī* blieb für lange Zeit das Modell für mystische Lehrgedichte im Persischen, unter denen vor allem die großen Werke Dschamis (gest. 1492) zu nennen sind, die als *Haft Aurang* (Sieben Throne) bezeichnet werden; das ist der persische Name der Konstellation des Großen Bären, der im Sufismus eine besondere Bedeutung hat, wie man aus visionärer Literatur (bei Ruzbihan-i Baqli) erkennen kann. Dschamis ‚Sieben Throne' enthalten verschiedene Typen von Gedichten; einige sind speziell den Beschreibungen von Praktiken des Naqschbandi-Ordens gewidmet, dem der Dichter angehörte (so wie viele der führenden Gelehrten und Künstler am Hofe des Sultans Husain Baiqara von Herat). Unter seinen „romantischen" Epen ist ‚Yusuf und Zulaicha' hervorzuheben, das als die schönste Bearbeitung des koranischen Stoffes von Joseph und Potiphars Weib gilt – ein Thema, das dem Dichter reichlich Möglichkeiten gab, seine Gedanken über das Wechselspiel von ur-ewiger Schönheit und der Antwort des Herzens auf diese Schönheit – nämlich die sehnsüchtige Liebe – auszuarbeiten. Dieser Hochgesang auf die mystische Liebe (manifestiert in menschlicher Liebe) hat seinerseits wieder Dutzende von Epen in den östlichen islamischen Sprachen inspiriert, sei es im Türkischen, sei es im Sindhi oder Bengali. Neben seinen poetischen Werken – den *Haft Aurang* und einem umfangreichen Diwan anmutiger lyrischer Verse – verfaßte Dschami auch theoretische Werke, in denen er die Theosophie Ibn ʿArabis kommentierte. Er ist mit Recht als letzter „klassischer" Dichter Persiens bezeichnet worden.

Das Thema von Schönheit und Liebe wurde nicht nur in mehr oder minder einander ähnelnden Umarbeitungen der Yusuf-Zulaicha-Thematik bearbeitet, sondern auch in anderer Form. Hier ist ein türkisches Werk mit dem Titel *Hüsn u aşk*, ‚Schönheit und Liebe', zu nennen, das der Mevlevi-Scheich von Istanbul-Galata, Scheich Ghalib, im ausgehenden 18. Jahrhundert verfaßte und das in den letzten Jahren immer neu interpretiert und als Vorläufer moderner Dichtung erklärt worden ist.

Ein Lehrgedicht, das bis heute eine wichtige Rolle bei der Unterweisung der Sufis spielt, ist *Gulschan-i rāz* (Der Rosenhag des Geheimnisses), das der 1320 verstorbene Schabistari verfaßte. Das Gedicht, das sich, wie so viele andere, als Antwort auf die Fragen eines Freundes ausgibt, behandelt alle Probleme, die für den Sucher von Bedeutung sind – Gott, die Stellung des Menschen, religiöse Erfahrungen und ähnliches. Doch von besonderer Wichtigkeit ist der Prosakommentar, den Lahidschi anderthalb Jahrhunderte später zu diesem knapp gefaßten Gedicht verfaßte und der hochinteressante Darlegungen enthält, die großenteils aus den Erfahrungen des Kommentators belegt werden. Ich denke dabei z.B. an Lahidschis Bemerkungen über Halladschs Ausspruch *anā'l-ḥaqq*, „Ich bin die Absolute Wahrheit". Schabistaris Werk hat schon früh die Aufmerksamkeit der europäischen Orientalisten auf sich gezogen; eine Übersetzung des Gedichtes und seines Kommentars wäre sicher nützlich für die Studenten des Sufismus.

Und man darf nicht vergessen, daß die lyrische Poesie in den Sprachen der östlichen Gebiete der islamischen Welt sich weitgehend unter dem Einfluß der persischen mystisch geprägten Lyrik entwickelt und ihre Symbolik übernommen hat, so daß man ohne Kenntnis der sufischen Zentralbegriffe, wie Liebe, Entwerden, Gottgedenken, und des Weltbildes der Sufis die nachmittelalterliche Poesie nur zu einem Teil wirklich verstehen und genießen kann, selbst wenn es sich um durchaus profane Verse handelt.

5. Orden und Bruderschaften
Zur Organisation des Sufismus

Wir saßen im Vorraum eines Derwischkonvents in Gulbarga im südlichen Indien. Der Scheich holte eine dicke Rolle hervor und entrollte sie vor uns. Sie streckte sich rund zehn Meter auf dem Boden und war über und über mit winziger Schrift bedeckt, so daß sie, mit der zentralen Linie und den vielen Abzweigungen, wie ein vielästiger Baum wirkte. Und es war in der Tat eine *schadschara*, ein „Stammbaum" des Ordens. Hier war die Hauptlinie vom jetzigen Leiter des Konvents über seine Vorgänger bis zu den frühesten „Vätern" aufgezeichnet, die über Dschunaid (gest. 910) und einige weitere Glieder zurückführte bis zu ʿAli ibn Abi Talib, dem Vetter und Schwiegersohn des Propheten Muhammad und schließlich zum Propheten selbst. Die kleineren und größeren Äste und Zweige waren Untergruppen, von Individuen geführt, die sich im Laufe der letzten 1400 Jahre selbständig entwickelt hatten.

Die Verbindung der Sufis mit ihrem Ur-Vater, dem Propheten Muhammad, gehört unabdingbar zum Sufismus, ob sie nun, wie meist, über ʿAli führt oder, wie bei einigen wenigen Orden, über Abu Bakr, den ersten Nachfolger (Kalifen) Muhammads. Durch den Handschlag des Meisters wird der Sucher in die lebendige Sukzession eingebunden. Es ist wichtig, daß der Charakter des Meisters zur Veranlagung des Schülers paßt, weil andernfalls die subtile Seelenharmonie, die im Zentrum der Meister-Schüler-Beziehung steht, nicht wirken kann. Zur Einweihung gehörte seit alters die Investitur mit dem Flickenrock, der *chirqa*, und mit der je nach Orden verschiedenen Kopfbedeckung sowie die Belehrung mit den Formeln des *dhikr*. Manchmal erhält er auch den Rosenkranz oder die *kaschkul*, eine Bettlerschale.

Man unterscheidet mehrere Arten von Initiation; die „um des Segens willen", das heißt, man schließt sich einem Meister an, um an seiner Segensmacht einen gewissen Anteil zu haben, und die wahre „Willenserklärung", durch die sich der *murīd,* „der etwas will", ganz in die Hand des Meisters begibt. In späterer Zeit findet man auch mehrfache Initiationen, um am Segen verschiedener Traditionslinien teilnehmen zu können. Es gibt sogar eine rein geistige Initiation; der Sucher wird – durch Traum oder Vision – von einem längst verstorbenen Meister geleitet, oder aber Chidhr, der unsterbliche Seelenführer, erscheint dem Sucher und weist ihm den Weg. Solche Initiationen ohne menschlichen Führer heißen *uwaisī,* nach dem jemenitischen Hirten Uwais al-Qarani, der zur Zeit Muhammads Muslim wurde, ohne den Propheten je gesehen zu haben.

In der Frühzeit fand Einzelunterweisung statt; der Meister hatte meist einen normalen Beruf und widmete sich seinen Jüngern nur zeitweise. Das aber änderte sich im Laufe der Zeit infolge von politischen und sozialen Wandlungen. Die ersten bekundeten Fälle einer Art von Bruderschaftsgründung gehen auf Abu Saʿid-i Abu'l-Chair zurück, der 1049 in Mihana im südlichen Turkmenistan nahe der heutigen persischen Grenze starb, nachdem er eine beachtliche Reihe von Jüngern um sich versammelt hatte, die seinem Weg, *ṭarīqa,* folgten. Dann entwickelte sich langsam das „Ordenswesen", wie man es mangels eines besseren Ausdrucks nennt, um seine klassische Gestalt im ausgehenden 12. Jahrhundert zu finden, als aus den lockeren Zusammenschlüssen strukturierte Organisationen, *ṭā'ifa*, wurden.

Der Ausdruck „Orden" oder „Bruderschaft" vermittelt einen falschen Eindruck. Wir haben es mit einer Gruppe von Menschen zu tun, die sich um einen Meister *(scheich, pīr,* auch *sadschdschāda-nischīn,* „der auf dem Gebets-Teppich sitzt") schart, um von ihm unterwiesen zu werden und seine Ideale zu verwirklichen zu suchen. Wenngleich sie zumindest eine Zeitlang im Konvent *(chanqāh, dargāh, zāwiya, tekke, ribāṭ)* zu leben versuchen und den Anweisungen des Meisters folgen, sind weder sie noch der Meister zum Zölibat verpflichtet. Es gibt sogar Legenden, daß der Prophet einem zölibatären Sufi im Traum erschien und ihn daran erinnerte, daß Heiraten seine *sunna,* seine geheiligte Gewohnheit, sei. So wundert es uns nicht, daß manche der großen Sufi-Führer eine beachtliche Anzahl von Kindern hatten: ʿAbdulqadir al-Dschilani hatte 49 Söhne, Ahmad-i Dscham 41 Kinder, von denen manche später den Orden weiterführten. Besonders wichtig aber ist, daß nun eine Art „dritter Orden" entstand. Um den engen Kreis der sich ganz dem Wege widmenden Jünger sammelte sich eine wachsende Schar von Menschen, die des geistigen Zuspruchs bedurfte und Belehrung und Hilfe bei einem Meister suchte. Kurze Aufenthalte in seiner Nähe, Besuche an den großen Festtagen und Vertrauen auf ihn in allen Lebenskrisen waren wichtig, und entsprechend dem Wesen und Bedürfnissen des Suchenden, der sich dem Meister anvertraute, gab er bestimmte Litaneien und Gebete oder auch andere Ratschläge für das geistige Leben, die der Sucher oder die Sucherin zu Hause regelmäßig durchführen sollte. Diese Tradition ist bis heute lebendig und macht den eigentlichen Charakter der *ṭarīqas* aus.

Der Meister wurde und wird außerordentlich verehrt; darauf weist die Tatsache hin, daß man vielerorts von ihm im Plural spricht: in Zentralasien ist es *īschān,* „sie", einzelne Gottesfreunde haben Beinamen wie *Auliyā',* „Gottesfreunde", oder *Aḥrār,* „Freie", und in der Anrede oder im Bericht wird das Verb immer im Plural gebraucht.

Und die Verehrung des Meisters endete nicht mit seinem Tode; nein, der Verstorbene hat eine noch größere Segensmacht als zu Lebzeiten, und so entwickelte sich die Sitte, den Todestag des Ordensgründers und später auch hervorragender Führer festlich zu begehen. Die Bezeichnung *ʿurs,* „Hochzeit", oder wie man in der Türkei sagt, *scheb-i ʿarūs,* „Brautnacht", für den Todestag zeigt, daß man hierin ein freudevolles Ereignis sah; die (weibliche!) Seele des Meisters hatte sich ja mit dem Göttlichen Geliebten vereinigt. Deshalb ist ein *ʿurs* kein Trauertag; man gedenkt vielmehr des jetzt in paradiesischer Seligkeit weilenden Gottesfreundes. Wer einmal ein solches Fest – etwa in Indien oder Pakistan – erlebt hat, weiß, wie Hunderttausende von Gläubigen sich oft tagelang dem gemeinsamen Gebet, dem Lauschen auf Lehrworte des jetzigen „Inhabers des Gebetsteppichs" oder dem Genuß religiöser Musik hingeben. Mancherlei Rituale werden durchgeführt, die je nach Charakter des Ordens wechseln. Das Waschen des Heiligtums – oft mit Duftwässern – gehört dazu, das Entzünden von Kerzen und Lichtern und nicht zuletzt die Verteilung von Speisen und vor allem Süßigkeiten an die Anwesenden; die Verteilung von Süßigkeiten ist übrigens in der islamischen Welt ein Verteilen von Segen, und immer wieder kann es dem Besucher an einem Heiligengrab passieren, daß auch ihm ein Stück Zuckerwerk geschenkt wird, über das eine *Fātiḥa* gesprochen ist, wenn jemand ein Gelübde erfüllen oder für Wunscherfüllung danken will.

Daß die meisten größeren Sufi-Konvente eine offene Küche hatten, wo täglich Arme und Reisende gespeist wurden, gehört zum Bild des praktischen Sufismus; man hat sogar dieser Küche eine wichtige Rolle bei der Bekehrung vor allem von Hindus zugeschrieben, die, in ihrer eigenen Tradition vom Essen mit nicht zu ihrer Kaste Gehörigen ausgeschlossen, hier das gemeinsame Mahl aller – sei es auch nur eine Handvoll Reis – erlebten.

Heiligenfeste sind ein wichtiger Bestandteil des mystischen Islam und kontrastieren in ihrer Farbigkeit stark mit der Nüchternheit des „offiziellen" Islam. Es gibt Kalender, die anzeigen, wann welches Fest wo gefeiert wird, und die großen Feste ziehen Hunderttausende von Besuchern an – der *ʿurs* in Adschmir ist so wichtig, daß bei dieser Gelegenheit die sonst geschlossene Grenze zwischen Indien und Pakistan für den Eisenbahnverkehr geöffnet wird.

Und wenn man in Indo-Pakistan auch Hindus an den muslimischen Heiligenfesten teilnehmen sieht, kommen bei den *maulid* („Geburtstag") in Ägypten auch koptische Christen, um an dem bunten Treiben teilzunehmen; denn: „Der Sufi-Schrein eint, die Moschee trennt" (nämlich die Angehörigen verschiedener religiöser Traditionen).

Das Heiligengrab bringt dem Ort, wo es steht, Gottessegen, und es hat auch Asylfunktion; nach Indira Gandhis Ermordung

1984 flüchteten zahlreiche Sikhs vor der Rache der Hindus in das Heiligtum Nizamaddin Auliyas in Delhi und waren sicher.

Beim Verlassen des Heiligtums soll man ihm nicht den Rükken zukehren; auch soll man die Schwelle beim Überschreiten tunlichst nicht berühren; viele Gläubige küssen die Schwelle. Übrigens errichtet man auch Scheingräber oder Gedenkstätten für Gottesfreunde *(maqām)*, und man findet „Gräber" dieses oder jenes Frommen an sieben, ja noch mehr Orten, manchmal eines in Nordafrika, ein anderes in Bangla Desh ...

Überall werden Stoffstückchen an Fenstergitter oder nahe Bäume gebunden, um den Gottesfreund auf den Wunsch des Besuchers aufmerksam zu machen. Ist der Wunsch erfüllt, so sollte das Band gelöst werden, und das Gelübde muß eingelöst werden: In der pakistanischen Tscholistan-Wüste z.B. wird ein Mann, dessen Gebet um einen Sohn erhört wurde, beim nächsten *ʿurs* eines bestimmten Heiligen in Frauenkleidern tanzen. Oft werden Kerzen gebracht oder entzündet – allerdings bringen praktisch gesonnene Gläubige heutzutage auch wohl Glühbirnen in das Heiligtum von Hadschi Bayram in Ankara, dem man im allgemeinen einen Reiserbesen gelobt; denn das Fegen eines Heiligtums ist ein religiöser Dienst. Sehr oft werden Decken für den Sarg gespendet (man kann sie in den zahlreichen Lädchen am Eingang des Heiligtums kaufen), und der geehrte Besucher mag dann eine solche Decke oder ein Stück von ihr *tabarrukan,* „zum Segen", erhalten; fromme Mütter in Indien und Pakistan bewahren solche Stücke sorgfältig in der Aussteuerkiste der Töchter auf. Blumen werden auf den Sarg geworfen, und der bevorzugte Gast darf eine Handvoll solcher getrockneten Rosen schlucken – auch sie tragen ja den Segen des Heiligen in sich.

Viele Gottesfreunde haben bestimmte Spezialitäten: so, wie im Christentum St. Antonius für Verlorenes, Florian für Feuerschutz, Blasius für Halskrankheiten zuständig ist, finden wir spezialisierte Heilige auch im Islam. Heilungen sind eine besondere Domäne der Gottesfreunde; denn der Sufi sollte das Leiden des Mitmenschen auf sich nehmen, und es gibt zahlreiche Berichte, daß ein Meister seinem Jünger im Krankheitsfall oder bei drohender Gefahr helfend beistand, indem er sich exteriorisierte und an weit entfernten Orten erschien. Besonders häufig sind Sufi-Zentren, in denen Geistesgestörte auf Besserung hoffen; hier gibt es einen Gottesfreund, der Bisse tollwütiger Hunde heilt, dort einen, der bei Liebeskummer angerufen wird, und zahlreich sind Plätze, an denen man Kindersegen erfleht. Manchen Gottesfreunden werden ganz spezielle Votivgaben gebracht; so erhält Ghore Schah in Lahore kleine Tonpferdchen, die zu Hunderten am Friedhof verkauft werden. Ohnehin dienen die Heiligengräber und besonders die Feste nicht nur geistigen Zwecken; man handelt und vergnügt sich auch – wie bei der Kirmes in Europa.

Es ist verständlich, daß der offizielle Islam gegen solche „heidnischen“ Bräuche, die es ja überall in der Welt gibt, immer wieder gewettert hat – solche Bräuche, die dem strengen Eingottglauben und der Ablehnung jedweder Mittler zwischen Gott und Mensch widersprechen, gehören nicht zum Islam. „Wenn ich nur einen entsprechenden Koranvers fände, würde ich diese ganzen Wallfahrten zu Heiligengräbern verbieten“, schrieb Schah Waliullah (gest. 1762), selbst Mitglied in vier Sufi-Orden!

Der Heiligenkult hätte sich sicherlich nicht so entwickelt, wären seine theoretischen Grundlagen nicht schon im frühen 10. Jahrhundert gelegt worden. In dieser Zeit schrieb al-Hakim at-Tirmidhi (gest. 932) sein Werk über das „Siegel der Heiligkeit“, und anderthalb Jahrhunderte später lesen wir bei Hudschwiri (gest. um 1072):

> Ihr müßt wissen, daß das Prinzip und die Grundlage des Sufismus und der Erkenntnis Gottes auf dem Heiligenwesen beruhen.

Tirmidhi, von der heutigen afghanisch-usbekischen Grenze stammend, entwickelte ein System der Klassifizierung der Gottesfreunde, das aus konzentrischen Ringen besteht, die sich von der höchsten Autorität, dem *quṭb,* „Pol, Achse“, ausbreiten. Wir sollten übrigens eigentlich vermeiden, in diesem Zusammenhang das Wort „Heilige“ zu verwenden, denn der *walī Allāh (walī*, Pl. *auliyā*) ist nicht ein Heiliger im christlichen Sinne. Er wird nicht kanonisiert, sondern ist, wie das Wort zeigt, „ein vertrauter Freund Gottes", der unter dem besonderen Schutz des Herrn steht. „Wahrlich die Freunde Gottes, keine Furcht kommt über sie, noch sind sie traurig", heißt es in Sure 10, 63. Es sind solche speziellen Menschen, die infolge der göttlichen Gnade ein exemplarisches Leben führen und so zu Führern ihrer Mitmenschen werden können. Tirmidhi hat ihre Rollen genau definiert, und diese Begriffe spielen bis heute eine wichtige Rolle im Sufismus: Wer mit Sufis befreundet ist, wird sicher erleben, daß sein Gesprächspartner stolz behauptet, sein Meister, oder der und der Seelenführer, sei zweifellos der *quṭb*, der Pol oder die Achse der Welt. Denn wie die sich drehende Welt eine Achse haben muß, die zum Zentrum, dem Pol, führt, so muß auch die geistige Welt eine Achse dieser Art haben, durch die die direkte Beziehung zum Zentrum des Geistigen ermöglicht wird.

Um den *quṭb* stehen drei *nuqabā*, „Substitute", dann folgen vier *autād*, „Pflöcke", sieben *abrār*, „Fromme", vierzig *abdāl*, „Ersatzleute", und 300 *achyār*, „Gute". Besonders wichtig sind dabei die 40 *abdāl*, die im Volksglauben gewissermaßen eine Einheit bilden; ihre Namen kommen auch in Ortsnamen vor, wie *Kırklareli*, „Gebiet der Vierzig", in der europäischen Türkei.

Stirbt ein Gottesfreund in einer der Gruppen, so rückt ein anderer nach, so daß die Zahl der wahren Gottesfreunde immer gleich bleibt. Die Aufgabe der *autād* ist es, über die Erde zu wandeln, Fehler zu entdecken und Segen zu verbreiten, denn wo sie nicht hinkommen, geschieht Unheil.

Die Gottesfreunde können Wunder wirken, die als *karāmāt*, „Huldwunder", bezeichnet werden (doch wird der Sufi gewarnt, den Wundern zu viel Wichtigkeit zuzuschreiben – „Wunder sind die Menstruation der Männer", sagt ein frühes Sufi-Wort, denn sie lenken von der Reinheit seiner Intention ab). Doch die Freunde Gottes sind in der Welt verborgen: „Meine Freunde sind unter Meinen Kuppeln", läßt ein außerkoranisches Wort Gott sagen. Daher muß man im Umgang mit

Menschen vorsichtig sein – könnte nicht der Bettler an der Ecke oder der scheinbar nutzlose Greis einer von Gottes verborgenen Freunden sein, dessen Fluch (denn auch das kommt vor!) schwere Unglücksfälle nach sich ziehen, dessen kurzer Blick aber einen Menschen heiligen und beglücken kann?

Und manchesmal wird ein politisches Desaster dem Zorn eines Heiligen zugeschrieben, der von einem Herrscher beleidigt oder nicht genügend geehrt worden war ...

Die ersten Ansätze zur Bildung von Bruderschaften nach den Tagen Abu Saʿids gibt es im 12. Jahrhundert. Abu Nadschib as-Suhrawardi (gest. 1165), ein Frommer aus dem nördlichen Iran, verfaßte ein Büchlein über das Wohlverhalten der Jünger, *Ādāb al-murīdīn*, das die Ideale sufischer Lebenshaltung knapp und ohne Überschwang darlegt. Aber es war sein Neffe Abu Hafs ʿOmar as-Suhrawardi (gest. 1234), um den sich eine Gruppe von Suchern scharte und dessen großes Werk über die „Gnadengaben der Erkenntnisse" zu einer Art Enzyklopädie des nüchternen Sufismus wurde, die noch immer verwendet wird. Abu Hafs war durchaus kein weltferner Asket, sondern ein guter Organisator und wurde daher von dem abbasidischen Kalifen An-Nasir (reg. 1180–1225), der noch einmal versuchte, seine Rolle als Kalif positiv zu nutzen, als spezieller Gesandter zu den muslimischen Fürsten der Nachbarländer geschickt, um eine auf religiöser Grundlage beruhende Art von geistiger Allianz zu fördern. Das war besonders notwendig, da in jenen Jahren die Mongolen aus Zentralasien aufbrachen, die wenig später das zentrale und östliche islamische Gebiet überrannten und sehr vieles zerstörten. Suhrawardi stellt den Typ des Sufi-Führers dar, der sich nicht von seiner politischen Verantwortung zurückzieht. Das ist etwas Neues in der Geschichte des Sufismus; denn im allgemeinen galt den frühen Sufis jede Zusammenarbeit mit der Regierung als suspekt, ja verboten: Speise aus dem Hause eines Regierungsbeamten wurde von manchen als unrein angesehen, und für andere bedeutete „zur Tür des Sultans zu gehen, zur Tür des Satans zu gehen". Diese Haltung lebte auch später in verschiedenen *ṭarīqas* weiter; doch die Suhrawardiyya blieb ihren praktischen Idealen treu. Einer der wichtigsten Schüler des Abu Hafs war Baha'addin Zakariya, der aus Multan im südlichen Pandschab im heutigen Pakistan nach Bagdad kam und nach seiner Rückkehr in seine Heimat die Gedanken seines Meisters dort implementierte. Seine Nachkommen haben bis heute die *sadschdschāda* des Ordens in Pakistan inne, und sie haben seit dem Mittelalter durchaus an politischen Entscheidungen teilgenommen. Noch der jüngst verstorbene Machdum Sahib von Multan war eine Zeitlang Gouverneur des Pandschab. – In jener frühen Zeit erreichten die Suhrawardi-Sufis auch das eben von Muslimen eroberte Bengalen (1206); die Suhrawardi-Familie in diesem Teil des Subkontinents hat jahrhundertelang eine wichtige politische Rolle gespielt, und immer wieder erscheinen Mitglieder der durch ihre Gesetzestreue und theologischen Interessen ausgezeichneten Familie in der Geschichte des Subkontinents.

Baha'addin Zakariya von Multan war ein reicher Großgrundbesitzer, und die Suhrawardiyya war der Poesie und Musik abgeneigt. Dennoch lebte an seinem Hofe einer der ekstatischsten Sufis des 13. Jahrhunderts, Fachruddin-i 'Iraqi (gest. 1289), der seine Gottesliebe in berückenden persischen Versen ausdrückte – von der Echtheit seiner mystischen Erfahrung überzeugt, erlaubte der Meister ihm, seinen Lebensstil beizubehalten. Das ist typisch für den echten Meister; er weiß, welcher Weg – sei er auch seinem eigenen Ideal entgegengesetzt – für den *murīd* richtig ist; denn „die Wege zu Gott sind so zahlreich wie die Atemzüge der Menschen". So ist die Vielfalt der Menschen auch in der Vielfalt der Charaktere der Sufi-Meister reflektiert, wobei es nicht nur Unterschiede der Persönlichkeit gibt, sondern auch lokale Verschiedenheiten oder Unterschiede in der Haltung zum Besitz, zu den Frauen u.ä. Das läßt sich besonders gut an der freundschaftlichen Beziehung Baha'addin Zakariyas zu Lal Schahbaz Qalandar, dem „Roten Falken", zeigen. Lal Schahbaz Qalandars Heiligtum in Sehwan am Indus ist bis heute ein Mittelpunkt ekstatischen Kultes, in dem der ursprüngliche Charakter Sehwans, eines uralten Shiva-Heiligtums, noch nachwirkt. Das dort beheimatete Lied *Mast Qalandar* mit seinem hinreißenden Rhythmus wurde in den siebziger Jahren zum Hit in Pakistan und entzückt noch immer jeden Hörer, gleich welcher Herkunft.

Der dritte große Sufi jener Zeit war Faridaddin Schakargandsch („Zuckerschatz"), der im Pandschab in Pakpattan lebte und mit dem Baha'addin ebenfalls gutnachbarliche Beziehungen pflegte, obgleich sein Weg einen wiederum anderen Aspekt des Sufismus darstellt. Faridaddin gehörte zum Tschischti-Orden, dessen wichtigster Vertreter, Muʿinaddin, Ende des 12. Jahrhunderts nach Indien gekommen war und sich in dem kurz zuvor von den Muslimen eroberten Adschmir in Radschasthan niedergelassen hatte, wo er 1236 starb. Fast gleichzeitig mit ihm ließ sich ein Tschischti-Meister aus Zentralasien, Bachtiyar Kaki, in Delhi nieder, das seit 1204 zum Zentrum des nordindischen Islam geworden war. Noch heute hört man nahe seinem Mausoleum in Mehrauli-Delhi die Legende, wie er beim Anhören eines persischen Verses drei Tage zwischen Tod und Leben schwebte:

> Denen, die vom Dolch der Hingebung getötet wurden,
> kommt neues Leben aus dem Unsichtbaren.

Als der Sänger schließlich nur den ersten Halbvers sang, soll sich die Seele Bachtiyars von dieser Welt gelöst haben. Schon diese Legende weist darauf hin, daß die Tschischtis einen anderen Lebensstil hatten als die Suhrawardis: sie liebten Musik und Poesie und gaben der Musik eine wichtige Rolle in ihrem Leben. Es war ein Verehrer des großen Delhier Meisters Nizamaddin Auliya, der Dichter Amir Chusrau (gest. 1325), dem die Entwicklung der Hindustani-Musik zugeschrieben wird, wie man sie noch immer in *qawwālīs* (Veranstaltungen religiöser Musik) genießen kann.

Im Gegensatz zu den Suhrawardis blieben die Tschischtis dem alten asketischen Ideal treu. Sie lebten von dem, was ihnen an milden Gaben *(futūḥ)* zukam und besaßen weder Reichtum noch politischen Einfluß – zumindest in der Frühzeit nicht. Im Konvent Faridaddins in Pakpattan herrschte bittere Armut, und die in einem gemeinsamen Raum lebenden Derwische hatten kaum genug zum Überleben – und dennoch (oder vielleicht gerade deshalb) wurde Pakpattan zu einem Anziehungspunkt für viele, die, aus Delhi, Lahore oder anderen Orten kommend, geistige Hilfe suchten und getröstet von dem ärmlichen Platz zurückkehrten. Zur Zeit des Mogulherrschers Akbar (reg. 1556–1605) aber erhielten Tschischti-Heiligtümer, wie Adschmir und Fathpur Sikri, eine neue Bedeutung, und ihr Kult blieb mit der Mogulherrschaft verbunden.

Der Orden hat durch die Jahrhunderte seine Liebe zur Musik weitergetragen; die in zimt- bis ockerfarbene Gewänder gekleideten Derwische haben die Spannweite ihres Ordens auf den ganzen Subkontinent ausgedehnt und ihn schließlich in einer modernisierten Form auch nach Europa und Amerika getragen. Der Sufi-Orden Inayat Khans und seines Sohnes Vilayat Khan entstammt dieser Tradition und verkündet Liebe und Hingabe, die durch Musik hervorgerufen und gestärkt wird, wobei die islamische Komponente zurücktritt – auch Muʿinaddin Tschischti erlaubte die Einweihung von Nicht-Muslimen, was die Suhrawardiyya ablehnte.

Die genannten Orden waren natürlich nicht die einzigen, die sich in Indien entwickelten; aus etwas späterer Zeit sei die Schattariyya genannt, deren Meister – wie Muhammad Ghauth Gwaliori (gest. 1562) – hinduistische Gedanken übernahmen und sich auch magischer Praktiken bedienten; das Werk des eben genannten Mystikers, genannt „Die fünf Juwelen“, ist ein schwer zu entzifferndes Gewebe von Mystik, Astrologie und kabbalistischen Praktiken; es hat den volkstümlichen Sufismus vor allem in Süd-Indien stark beeinflußt.

Bei der Entstehung vieler *ṭarīqas* im späten 12. und beginnenden 13. Jahrhundert spielte wohl die Erstarrung des theologischen und juristischen Aspekts des Islam eine Rolle; selbst der große Ghazzali hatte ja seinen Lehrstuhl an der besten Hochschule der islamischen Welt aufgegeben, weil er darunter litt, daß die Gelehrten, die „die feinsten Details der Vorschriften für die Scheidung kannten, nichts von der lebendigen Gottesliebe erfahren“ hatten. Angeblich war das „Tor der freien Forschung" in den theologischen und juristischen Wissenschaften geschlossen, und gewisse als heterodox gebrandmarkte Bewegungen, die stark mystische Züge hatten (wie etwa die Ismailis), wurden ebenfalls in den Hintergrund gedrängt. Doch viele Menschen sehnten sich nach einer mehr emotionalen Annäherung an die Religion, und so folgten sie dem Ruf einiger großer Prediger, die ihnen die koranischen Wahrheiten in verinnerlichter Form nahebrachten.

Der berühmteste von ihnen war ʿAbdulqadir al-Dschilani, ein Prediger aus der strengsten der vier Rechtsschulen, der der Hanbaliten. Nach jahrelanger Abschließung in der irakischen Wüste kam er nach Bagdad, wo er 1166 starb. Er muß eine charismatische Gestalt gewesen sein; Ibn ʿArabi, ein Jahr vor dessen Tod geboren, preist ihn hoch. Die Gruppe, die sich um ihn sammelte, wurde zum Nukleus einer Bruderschaft, die als *Qadiriyya* in alle islamischen Länder gelangte und von Süd-Indien bis West-Afrika Anhänger hat. Die von ihr vertretene Art der Frömmigkeit spricht die Menschen an, da sie keine Extreme kennt; der *dhikr* besteht aus der ersten Hälfte des Glaubensbekenntnisses. ʿAbdulqadir wurde zu einem der meistverehrten Gottesfreunde, und in manchen Gegenden Pakistans wird der vierte Mondmonat, auf dessen elften Tag sein Todestag fällt, einfach als „Elf" bezeichnet. Und während dort im 17. und 18. Jahrhundert eine Reihe wichtiger Volksdichter dem Orden angehörten, wird der Historiker sogleich an Emir Abdul Qadir von Algerien (gest. 1883) denken, dessen Freiheitskampf gegen die Franzosen zeigte, wie lebendig der Geist der *Qadiriyya* auch in der Neuzeit geblieben ist.

Wenig später als ʿAbdulqadir lebte Ahmad ar-Rifaʿi ebenfalls im Irak. Seine Anhänger sind als „heulende Derwische" bekannt, da sie einen lauten *dhikr* üben. Aus einem nicht ganz klaren Grund sind die Rifaʿis vor allem durch ihre merkwürdigen Kunststücke, wie Glasessen, sich die Augäpfel herausnehmen u. a., bekannt geworden; doch dies entspreche keineswegs dem ursprünglichen Charakter der Bruderschaft, wie die Hagiographen feststellen. Ähnliche paranormale Erscheinungen gibt es übrigens auch bei einigen indischen Bruderschaften.

Noch stärker als im späten 12. Jahrhundert werden die Orden im 13. Jahrhundert. Es war die Zeit, da die Mongolen große Teile der zentralen und östlichen islamischen Welt zerstörten und 1258 den letzten abbasidischen Kalifen in Bagdad hinrichteten. Das 13. Jahrhundert ist ja überall die Zeit der mystischen Bewegungen; man denke in Europa an Meister Eckhart, Mechthild von Magdeburg, in Indien an die Anfänge der *bhakti*, im japanischen Buddhismus an Nichiren. Allerdings findet man bei einigen Wissenschaftlern die Tendenz, das Aufblühen mystischer Strömungen in dieser politisch verworrenen Zeit schlicht als Eskapismus zu bezeichnen – Flucht vor den kriegsbedingten Verheerungen und Greueln in eine irreale (oder irreal scheinende) Welt.

Wie dem auch sei, eine Fülle neuer Orden kristallisierte sich damals heraus. In Ägypten findet sich neben der rustikalen Ahmadiyya-Badawiyya, die sich in Tanta konzentrierte und ihre Feste dem koptischen Kalender (bzw. der Nilschwellung) entsprechend feiert, die Schadhiliyya, die sich auf der Basis der von dem nordafrikanischen Sufi Abu Madyan (gest. 1197) verkündeten Ideale formte. Asch-Schadhili (gest. 1258) ist durch sein Schutzgebet, den sogenannten *ḥizb al-baḥr,* besonders bekannt, und es ist gerade die literarische Erbschaft des „nüchternen" Schadhiliyya-Ordens, die bis heute lebendig ist: Die *Ḥikam* (Weisheitssprüche) des Ibn 'Ata' Allah (gest. 1309) sind eine Sammlung von Sprüchen und Gebeten in exquisiter arabischer Sprache, von denen ein Sufi sagte: „Dürfte man im Ritualgebet einen anderen Text als den Koran rezitieren, so würde ich Ibn 'Ata' Allahs *Ḥikam* rezitieren." Diese kleine Sammlung trostvoller Worte wurde von Nordafrika bis nach Indien gelesen und kommentiert und gehört zu den großen Klassikern religiöser Literatur. Aus der Schadhiliyya entwikkelten sich, wie es bei allen Orden der Fall ist, neue Gruppierungen, von denen die Darqawiyya in den letzten Jahrzehnten zahlreiche Anhänger aus Europa und Amerika gewonnen hat.

Das gilt auch für die Dasuqiyya, deren Burhaniyya oder Burhamiyya genannte Form besonders in Sudan aktiv ist. Die Unterschiede kann man kaum definieren – die Entwicklung hängt meist von der Initiative eines Mannes ab.

Verwandt mit der Schadhiliyya ist auch die Dschazuliyya, die aus Marokko stammt, wo der 1495 verstorbene Dschazuli mit seinen Segensworten für den Propheten, den *Dalāʾil al-chairāt,* ein Handbuch der Prophetenverehrung geschaffen hat, dessen Rezitation sich eine Gruppe von Frommen in Marrakesch andachtsvoll widmet – die Gestalt des Propheten rückt ja immer stärker in den Mittelpunkt der Frömmigkeit, und die Vorstellung, daß er das erste ist, was Gott geschaffen hat und daß das Ende des Weges das „Entwerden im Propheten" ist, findet sich im späteren Sufismus immer wieder – man lese etwa die Schilderung, die ein indischer Sufi, Mir Dard (gest. 1785), von seinem Aufstieg durch die Wesenheiten aller Propheten, von Adam bis Jesus, gibt, bis er das *fanā fiʾr-rasūl,* „Entwerden im Propheten", erreicht, sich mit der *ḥaqīqa muḥammadiyya,* der „Muhammad-Realität", vereinigt. Und so kann auch der Unterschied zwischen zwei Sufi-Führern dadurch erklärt werden, daß der eine „auf der Stufe des Moses, der andere auf der Stufe Chidhrs", des geheimnisvollen Seelenführers, steht.

Unter den zahlreichen Bruderschaften, die im 13. Jahrhundert entstanden, ist besonders bekannt die Mevleviyya, genannt nach Maulana („unser Herr", türkische Aussprache Mevlâna) Dschalaladdin Rumi, dem ekstatischen Dichter (s. S. 60 ff.). Rumi hatte zahlreiche Verehrer und Verehrerinnen; doch eine Organisation hinterließ er nicht. Das war seinem ältesten Sohn und zweiten Nachfolger, Sultan Walad (gest. 1312) überlassen. Dieser organisierte das Ritual; der Jünger mußte 1001 Tag Dienst in der Küche auf sich nehmen, wobei er langsam zu höheren Ämtern aufstieg; gleichzeitig wurde er in die Lektüre und Interpretation des *Mathnawī* eingeführt und lernte die schwierige Technik des Sich-Drehens. War er dann, wie der technische Ausdruck lautet, „gekocht", so konnte er ein vollgültiges Mitglied des Ordens werden und am *sema'*, dem Tanzritual, teilnehmen, das in der Regel nach dem Freitagsgebet stattfand. Dieses Ritual ist genauestens geregelt: das langsame Schreiten, die dreifache Neigung vor dem Meister, das Abwerfen der schwarzen Kutten, so daß die weißen Gewänder sichtbar werden, die gewissermaßen den Auferstehungsleib symbolisieren, das Auftun der über der Brust gekreuzten Arme, so daß die Rechte gen Himmel geöffnet, die linke zur Erde gewandt ist: So soll der göttliche Segen empfangen und weitergegeben werden. Der Derwisch dreht sich auf dem linken Fuß entgegen dem Uhrzeigersinn. Der *sema'* besteht aus vier Teilen, die das Entwerden in Liebe und im letzten, kurzen Teil die Rückkehr in diese Welt symbolisieren. Ein Segensgebet und das langgezogene *Hûûû* („Er") bilden den Abschluß. Dutzende von Melodien sind für dieses Ritual geschrieben worden, das mit dem Loblied auf den Propheten Muhammad beginnt und niemals verfehlt, die Zuschauenden zu bewegen – obgleich es jetzt leider zur Touristenattraktion geworden ist. Rumi hatte auch Jüngerinnen, die ihren eigenen *sema'* durchführten; doch eine gemischte Gruppe beim *sema'* wäre für ihn undenkbar gewesen.

Wie der Tschischti-Orden in Indien sich nie über den Subkontinent hinaus verbreitete, so blieb die Mevleviyya auf das Gebiet des früheren Osmanischen Reiches (einschließlich Syrien und Ägypten) beschränkt.

Neben der Mevleviyya entwickelten sich andere Bruderschaften in der Türkei, und Meister, die aus der arabischen oder zentralasiatischen Tradition kamen, bildeten Zentren im Lande, vor allem natürlich in dem seit 1453 zur Hauptstadt gewordenen Istanbul. So reichte das Spektrum der Orden bald von den ältesten Orden, wie der Qadiriyya, Rifa'iyya und Schadhiliyya zu der aus Azerbaidschan stammenden Chalvatiyya, die auch in Ägypten (seit 1517 Teil des Osmanischen Reiches) heimisch wurde und zu deren prominentesten türkischen Vertretern der Dichter Niyazi Misri (gest. 1694) gehört. Aus ihr entwickelte sich die Dscharrahiyya.

Ein besonders interessanter Orden aber ist die Bektaschiyya, die auf den 1337 (?) verstorbenen Hacci Bektasch zurückgeführt wird. In ihr werden auch Frauen zu den Ritualen zugelassen, was dem Orden natürlich den Ruf der Unmoral eingetragen hat – der türkische Schriftsteller Yakup Kadri (Karaosmanoğlu) hat in seinem 1922 erschienenen Roman *Nūr Bābā* (deutsch: ‚Flamme und Falter') ein ironisches Bild von den Verführungskünsten eines attraktiven jungen Istanbuler Bektaschi-Scheichs gezeichnet. Die Bektaschiyya hat zahlreiche schiitische Elemente aufgenommen und steht in der Doktrin den Lehren Ibn 'Arabis nahe. Die im späten 14. Jahrhundert in Iran entstehende Bewegung der Hurufis, „die sich der esoterischen Auslegung der arabischen Buchstaben widmen", hat auch die Bektaschis beeinflußt, die zahlreiche aus arabischer Schrift geformte Bilder verwenden: die Namensschriftzüge der „Fünf" (Muhammad, 'Ali, Fatima, Hasan und Husain, manchmal noch ergänzt durch „Allah") dienen zur Darstellung menschlicher Gesichter; aus religiösen Formeln werden Tiergestalten geformt u.a. Die Bektaschis wurden zu den geistigen Beratern der Elitetruppen des Osmanischen Reiches, der Janitscharen, und so verbreiteten sie sich besonders in den Balkanprovinzen des Reiches, wo sich heute noch Anhänger ihrer Richtung finden. Vor allem Albanien war fast ausschließlich vom Bektaschitum geprägt. Der Sturz der aufsässigen Janitscharen 1826 schadete dem Orden sehr; später im 19. Jahrhundert setzte eine gewisse Erneuerung ein, und die türkische Literatur und Folklore ist noch immer von Bektaschi-Anekdoten und Witzen erfüllt, während die liebenswerte volkstümliche Poesie der Bektaschis und der von ihnen gepflegten Dichtung Yunus Emres (s. S. 93) sich großer Beliebtheit erfreut. –

Man darf hier einen zu einer anderen mystischen Tradition gehörenden Sufi-Rebellen nicht vergessen; das ist der Theologe und kluge Interpret Ibn 'Arabis, Bedreddin der Sohn des Qadis von Simawna, der für die Zusammenarbeit von Muslimen und Christen eintrat und gegen Sultan Mehmet I. rebellierte; er wurde 1415 in Serez in Makedonien gehängt. Seine Persönlichkeit hat den türkischen kommunistischen Dichter Nazim Hikmet (gest. 1964) zu bewegenden Gedichten inspiriert.

Die Sufi-Orden überzogen das gesamte Osmanische Reich, und eine Reihe osmanischer Sultane, darunter Abdul Hamid II. (reg. 1876–1909), waren in einen oder mehrere Orden initiiert.

Besonders wichtig nicht nur in der Türkei, sondern überall in der islamischen Welt war und ist die aus Zentralasien stammende Naqschbandiyya, die jetzt auch in Europa zahlreiche Anhänger hat. Sie geht auf den 1389 in Buchara, Usbekistan, verstorbenen Baha'addin Naqschband zurück, der ältere zentralasiatische Traditionen aufnahm und eine *ṭarīqa* formte, die nach außen hin keine spektakulären Wundertaten oder Rituale aufweist, sondern folgenden Wahlspruch hat: „Die Hand bei der Arbeit, das Herz beim (göttlichen) Freund." Der Gläubige soll entsprechend Sure 70, 37 „in ständigem Gebete" sein, auch wenn er scheinbar irdische Werke tut. Er soll – und das ist eine der acht Ordensvorschriften – die *chalwat dar andschuman* üben, die „Einsamkeit in der Versammlung", d.h. auch im täglichen Leben immer mit Gott sein. Die Naqschbandis behaupten, dort zu beginnen, wo die anderen Orden enden, denn sie verlangen nicht härteste Askese, Betteln oder völlige Selbsterniedrigung, wie es bei manchen traditionellen Orden als Anfangsphase vorgeschrieben ist, sondern legen Wert auf die geistige Erziehung des Jüngers, wobei die intensive Konzentration auf den Meister die entscheidende Rolle spielt; Meister und Jünger müssen gewissermaßen auf gleicher Wellenlänge und damit in ständiger Kommunikation sein. Der *dhikr* ist schweigend, und der Jünger lernt, das Gottgedenken langsam durch die sieben Feinpunkte zu entwickeln, die an verschiedenen Stellen des Körpers liegen und nach und nach sensibilisiert werden, bis der *dhikr* den ganzen Menschen erfüllt.

Die Naqschbandis haben im ausgehenden 15. Jahrhundert eine wichtige Rolle gespielt, und ihr damaliger Meister, Chwadscha Ahrar (gest. 1490) war der eigentliche Herrscher in Zentralasien. Durch die Mogulherrscher kamen Mitglieder des Ordens nach Indien. Es war dann einer ihrer Führer, Ahmad Sirhindi (gest. 1624), gepriesen als „Erneuerer des zweiten Millenniums“ (der Hidschra), der sich durch seine Briefe gegen Kaiser Akbars Synkretismus wandte, um zu einem reinen, geradezu „fundamentalistischen“ Islam zurückzukehren. Der Reformer behauptete, der *qayyūm* seiner Zeit zu sein, das heißt, einen Rang erreicht zu haben, der noch über dem des *quṭb* (s. S. 73) steht. Der *qayyūm* lenkt, so glaubt man, die Geschicke der Welt.

Aus der indischen Naqschbandiyya entwickelte sich im Laufe des 18. Jahrhunderts eine Reihe von Modernisierungsbewegungen, darunter die *ṭarīqa muḥammadiyya,* „der Muhammad-Pfad“, die sich ganz auf das Beispiel des Propheten beruft und in Indien vor allem die Überfremdung durch die britische Kolonialmacht bekämpfte. (Übrigens erschienen als *ṭarīqa muḥammadiyya* bezeichnete Bewegungen auch im Bereich anderer Sufi-Orden, und fast alle richten sich gegen den wachsenden Einfluß westlicher Kolonisation.)

Naqschbandi-Zentren entwickelten sich von Malaysia bis in den Kaukasus: die Sufis in Daghestan und Tschetschenien gehören zu dieser Richtung, und der Name Schamils, der 1871 nach unermüdlichem Kampf gegen die Russifizierung seiner daghestanischen Heimat starb, ist weltweit bekannt; dank ihm wurde die Naqschbandiyya integraler Bestandteil des politischen Lebens im Kaukasus. Daß die Naqschbandis, zum Teil in Zusammenarbeit mit den Qadiris, zur Zeit der Sowjetherrschaft in Zentralasien heimlich die religiösen Traditionen lebendig erhielten, zeigt ihre wichtige Rolle; der ‚stille *dhikr*‘ des Ordens machte es den staatlichen Kräften schwer, sie zu entdecken.

Ein anderer Orden, der aus dem zentralasiatischen Bereich stammt, ist die Kubrawiyya, die auf den 1221 von den Mongolen getöteten Nadschmaddin Kubra zurückgeht. Dieser hat eine psychologisch überaus subtile Interpretation des Sufi-Pfades gegeben: der Jünger muß auf die farbigen Lichterscheinungen achten, um seinen Standort zu erkennen. Die letzte, siebente Station, die er erreicht, nachdem er die Stufen der sechs großen Propheten erlebt und die Station Jesu, das „leuchtende Schwarz“ des Entwerdens, durchschritten hat, ist das Smaragdgrün, die Farbe Muhammads. Dann findet er bei der Rückkehr in die Welt die früher so verwirrende Vielfalt der Erscheinungen von einem neuen Licht durchdrungen.

Die Kubrawiyya erreichte auch Indien; ʿAli-yi Hamadani (gest. 1385) wirkte als ihr wichtigster Vertreter in Kaschmir. Obgleich eine Anzahl früher Sufis aus Iran stammten, haben sich die Linien der meisten der dort beheimateten Ordensgründer, wie die Suhrawardis oder ʿAbdulqadir Dschilanis, über das ganze islamische Gebiet verbreitet. Doch auch die Dynastie der Safawiden, die 1501 an die Macht kam und die schiitische Form des Islam zur Staatsreligion machte, entstammte einem Sufi-Konvent, dem von Ardabil. Typischerweise wird Schah Ismail I. (reg. 1501–1524) in den arabischen Quellen immer „der Sufi" genannt, und auch europäische Werke des 16. und 17. Jahrhunderts bezeichnen den Herrscher Irans als „Sophi". Doch obgleich etliche Orden schiitische Tendenzen hatten (wir nannten schon die Bektaschis, könnten aber auch indische Mischformen hinzufügen), entwickelten sich nur wenige eigenständige Bruderschaften in Iran nach 1500. Die Ähnlichkeiten zwischen der Struktur der Schia mit ihrem unerschütterlichen Glauben an die Unfehlbarkeit des Imams und der völligen Hingabe des Sufis an seinen Pir sind oft bemerkt worden. Der wichtigste Orden im iranischen Bereich ist die Niʿmatullahiyya, die auf den 1431 in Kirman verstorbenen Schah Niʿmatullah Wali zurückgeht und bei der Durchdringung des südlichen Indiens mit schiitischen und Sufi-Gedanken eine wichtige Rolle gespielt hat. In Iran wurde der Orden zu Beginn des 19. Jahrhunderts wieder gestärkt und trug wesentlich zum geistigen Leben bei; doch nach der Revolution von 1979 wurde er verfolgt, und einige seiner Zweige wirken nun erfolgreich in Europa und Amerika. Die Studien Richard Gramlichs über die schiitischen Sufi-Orden Irans sind eine unerschöpfliche Informationsquelle über die Niʿmatullahi, Chaksar und Dhahabiyya-Traditionen.

Schon um das Jahr 1000 hatte eine frühe persische Sufi-Bewegung ihre Aktivitäten bis ans Chinesische Meer ausgedehnt. Das war die Kazaruniyya, die u.a. Hospize für die muslimischen Kaufleute errichtete und besonders praktisch orientiert war. Später wurden die Qadiriyya und die Naqschbandiyya die wichtigsten Orden, die in China Anhänger haben, deren Literatur jedoch erst langsam zugänglich wird.

Daß sich durch den Seehandel der Sufismus auch nach Indonesien ausbreitete, ist verständlich; ähnliches gilt für einen Teil der Orden in Afrika. Besonders Nordafrika ist reich an Sufi-Traditionen. Hier muß der Begriff *Marabut* genannt werden, eine Verballhornung des arabischen *murābit,* „der in einer Grenzfeste Lebende"; das Wort wurde von den Franzosen dann auf die Leiter einer *zāwiya,* eines Derwischkonvents, angewendet und verbreitete sich allgemein. Einige der nordafrikanischen Orden wurden schon genannt (s. S. 81), doch als Kuriosum sei der Bettlerorden der Heddawa erwähnt, der sich auf den großen Ibn Maschisch (gest. 1144) beruft; die Mitglieder gehen eine seltsame Symbiose mit Katzen ein: Die Novizen sind *quēṭēt*, ‚Katerchen', und Katzen werden rituell begraben, aber bei bestimmten Gelegenheiten auch rituell verzehrt ...

Der Sudan rühmt sich gleichfalls großer sufischer Bewegungen, und es ist ein besonderes Erlebnis, an einem Freitag die *dhikr*-Versammlungen verschiedener *ṭarīqas* in Omdurman zu beobachten. Der Sufismus wirkt auch hier politisch: man darf nicht vergessen, daß die Bewegung des Mahdi im letzten Jahrhundert aus der Sammaniyya-Bruderschaft hervorgegangen ist. Nach dem Volksglauben wird der Mahdi („Rechtgeleitete") aus der Familie des Propheten am Ende der Zeiten erscheinen, „um die Welt mit Gerechtigkeit zu erfüllen, wie sie jetzt mit Ungerechtigkeit erfüllt ist". Der sudanesische Mahdi erschien beim Nahen des Jahres 1300/1881; denn zu Beginn jedes Jahrhunderts, so glaubt man, erscheint ein „Erneuerer des Islam". Der Aufstand des Mahdi gegen die ägyptisch-britische Überlagerung des Sudan kann als eine der ersten nationalen und religiösen Befreiungskämpfe gelten – in gewisser Weise vergleichbar dem Wirken der *ṭarīqa muḥammadiyya* in Britisch Indien oder der Sanusiyya, denn der Boden war für solche Bewegungen bereit, deren viele sich als erste Reaktionen gegen den beginnenden Kolonialismus und drohende Überfremdung erkennen lassen. Um 1800 entstand die Sanusiyya, die von Süd-Algerien aus ihren Weg durch zahlreiche afrikanische Länder nahm und strikt auf die alleinige Initiation in ihrer *ṭarīqa* achtete; wie in vielen Bruderschaften, steht auch bei den Sanusi eine Vision des Propheten Muhammad am Anfang der öffentlichen Wirksamkeit des Gründers, die sich immer stärker gegen Italiener und Franzosen richtete. Von 1840 bis 1969 war die Sanusiyya die herrschende Bewegung in Libyen, bis Ghaddafi die Macht übernahm.

Auch die Tidschaniyya wurde zu einer einflußreichen Sufi-Macht sowohl im zentralafrikanischen Gebiet als auch in Westafrika. In letzterem Gebiet freilich war die Qadiriyya schon aktiv, und die Gestalt Usman dan Fodios (gest. 1817) und die Gründung des Kalifats von Sokoto stärkten deren Macht, zumindest für einige Zeit. In neuer Zeit hat die von Ahmadu Bambou (gest. 1927) in Westafrika inspirierte Bewegung der Muridin durch ihre Arbeitsethik das Interesse der Beobachter auf sich gezogen. Zu den Pflichten der Muridin gehört aktive Teilnahme an der Landwirtschaft und Arbeit für das Gemeinwohl.

Ohnehin gehört das Studium der Sufi-Organisationen seit langem zum Forschungsgebiet der Soziologen und Politologen. Das erklärt sich zum Teil aus der Situation im 19. Jahrhundert, als die Kolonialmächte sich mit diesen Gruppen auseinandersetzten, um ihr politisches und soziales Potential zu untersuchen.

Auch heute noch werden zahlreiche Studien über die Orden veröffentlicht, wobei den äußeren, meßbaren Formen besondere Aufmerksamkeit geschenkt wird: Wie viele Pilger kommen zum Jahresfest nach Golra Scharif nahe Islamabad? Wie wird der Transport koordiniert, wo werden die Pilger untergebracht und verpflegt? Welche politische Rolle spielt der Scheich oder Pir? Auch Studien über Rituale und Lebensformen in einzelnen Sufi-Zentren, wie im Pandschab, im Sudan werden häufiger, und die Organisation der Orden, die nur in Ägypten in einem zentralen Verband registriert sind, ist ebenfalls Thema von Forschungen – denn das Ordenswesen ist faszinierend und zeigt immer neue Facetten –, so wie G. Veinstein mit leichtem Seufzer schreibt, daß man praktisch alle Gegensätze bei der Beschreibung der Orden aufzählen kann und doch dieses protäische Phänomen nie ganz wird erfassen können.

6. Volkstümlicher Sufismus

Die ersten „Sufis“, die abendländischen Reisenden im 17. und 18. Jahrhundert zu Gesicht kamen, waren sonderbare Wesen, spärlich gekleidet, manchmal mit Tierfellen bedeckt; manchmal trugen sie eiserne Ohrringe oder schwere Ringe um die Füße; sie hatten seltsame Kopfbedeckungen, trugen gelegentlich ein Horn an der Seite, durch dessen grellen Ton sie ihre Nähe ankündigten; am Gürtel hing eine Bettlerschale, auch hielten sie wohl einen Stab mit gespaltenem Oberende, auf den sie sich beim Sitzen stützen konnten. Sie mochten Brandmale an den Armen haben, die ein Zeichen ihrer Hingabe waren; ihr Haar war meist lang, manchmal geflochten; andere Gruppen schoren sich das Haupthaar und selbst die Augenbrauen (so die *Qalandar*). Das waren die Gestalten, die den europäischen Besuchern zunächst begegneten und über die John P. Brown in seinem Buch „The Dervishes“ (1868) berichtet hat. Sie zogen durch Iran und Indien, durch die Türkei und Nordafrika, und für den Besucher wird der *faqīr* (persisch: *darwīsch*), der „Arme“, zum Fakir – in unserem negativen Sinne. Derwische, das war etwas Verrücktes, Aussteiger aus der Gesellschaft, uninteressiert an den Regeln der Religion, dem Opium oder Haschisch verfallen, und sie waren für die ersten Beobachter die wahren – oder einzig bekannten – Vertreter des Sufitums. Manche dieser sonderbaren Gestalten waren von Tieren begleitet; hatten die marokkanischen Bettler des Heddawa-Ordens nicht sogar heilige Katzen?

Schon im Mittelalter gab es bestimmte Derwischgruppen, die durch ihr unorthodoxes Benehmen nicht nur die etablierte religiöse Gesellschaft schockierten, sondern die auch den regulären Sufi-Orden ablehnend gegenüberstanden. Bis heute haben sich solche Gruppen in der islamischen Welt gehalten – ein Besuch im Mausoleum des Lal Schahbaz Qalandar in Sehwan im unteren Industal erlaubt einen faszinierenden Einblick in das Leben dieser von allen Tabus frei erscheinenden Gruppen, die von den gläubigen Muslimen mit Aversion betrachtet werden und doch einen wichtigen Aspekt des Sufitums darstellen, der jüngst auch photographisch und filmisch vorzüglich dokumentiert worden ist.

Schon vor einem Jahrtausend gab es Fromme, die, wenn auch nicht so extrem wie die umherschweifenden Derwische, sich zumindest äußerlich kaum um die Tradition kümmerten. Es sind die *malāmatī*, diejenigen, die „getadelt" werden wollen; Menschen, die sich nicht ihrer religiösen Leistungen rühmten, weil sie dahinter Heuchelei vermuteten, sondern die aus übersteigerter Aufrichtigkeit den Tadel der Mitmenschen auf sich zu ziehen suchten, indem sie ihre Pflichten scheinbar vernachlässigten, aber um so mehr Gebete und Fasten im Verborgenen übten. Man kennt solche Erscheinungen auch aus dem frühen Christentum. Zu ihnen gehörten auch die *Qalandar*, ein Wort, das einen unorthodoxen Derwisch bezeichnen konnte, das aber verschiedene Aspekte hatte: für Rumi z.B. ist der *Qalandar* jemand, der den höchsten Rang der Liebe und Freiheit erreicht hat.

Es scheint wenig Gemeinsames zu geben zwischen den großen Meistern der theosophischen Mystik und den simplen Seelen, die in den Bergen Anatoliens, in den Flußebenen des indischen Subkontinents oder den Weiten Nordafrikas oder des Sudan ihre Liebe in Liedern verkündeten. Vielfach ist bemerkt worden, daß der Islam – und das ist der vom Sufismus geprägte Islam – der einfachen Menschen, der Stämme in Afghanistan oder Pakistan, der Nomaden in Afrika, der Fischer in Bengalen ja nur aus den Rudimenten des echten Islam bestehe: eine minimale Kenntnis des Korans, soweit sie zur Durchführung der Gebete notwendig ist (vorausgesetzt, daß die Ritualgebete überhaupt gehalten werden), sowie eine grenzenlose Verehrung des Propheten und der Gottesfreunde, die in der volkstümlichen Legende zu einem für den normalen Muslim geradezu ketzerisch erscheinenden hohen Rang erhoben werden. Legenden aller Art überwuchern die orthodoxe Frömmigkeit, und oft herrscht einfach das vage, aber wohltuende Gefühl von der Einheit alles Seienden.

Andererseits sind es gerade die ekstatischen Volkssänger der islamischen Welt, denen wir einige der schönsten Zeugnisse mystischer Liebeslyrik verdanken. Und hier sei auf einen wichtigen Nebenaspekt mystischer Frömmigkeit hingewiesen: die Sufi-Meister, die in die ländlichen Gebiete ihrer Heimat zogen, wußten, wie wenig Ahnung die einfachen Leute vom Arabischen hatten und daß sie auch vom Persischen, der literarischen und administrativen Sprache im Subkontinent, nichts verstanden; daher waren sie gezwungen, die Volkssprachen zu verwenden, um ihre Gedanken den Menschen nahezubringen. So ist die Entwicklung der verschiedenen Regionalsprachen weitgehend solchen Predigern zu verdanken, die schlichte kleine Lieder im Volkston sangen und die Geheimnisse der Gottesliebe und des Anhaftens an Gott in Bildern ausdrückten, die auch die einfache Hausfrau, der Fischer oder der armselige Tagelöhner verstehen konnte. Interessanterweise beobachten wir eine ähnliche Entwicklung im Hinduismus, wo das heilige Sanskrit der Brahmanen in der *bhakti*-Mystik, der persönlich gefärbten Liebesmystik, durch Lokalsprachen wie Purabi oder Radschastani abgelöst wurde, und auch in Europa waren es die mystischen Prediger wie Meister Eckhart oder, noch stärker, Mechthild von Magdeburg, die die deutsche Sprache anstelle des Kirchenlateins für einen Teil ihrer Predigten, Gebete und Gedichte verwendeten – besonders, wenn sie sich an die Frauen wandten. Ähnliches gilt für Italienisch in der franziskanischen Tradition, aber auch für Flandern und England.

Die volkstümlichen Sufi-Dichter mochten durchaus hochgebildet sein, doch sie behaupteten (und noch mehr behaupteten ihre Hörer das!), sie seien *ummī*, „Analphabeten", um dem Beispiel des Propheten nachzufolgen, der ja auch des Lesens und Schreibens unkundig war und nur durch das göttliche Wissen, *ʿilm ladunī* (Sure 18, 65) inspiriert war. Und die Sufis betonten immer wieder, daß Buchgelehrsamkeit unnötig, ja gefährlich sei – mochten die Gelehrten noch so viele kluge Bücher verfassen –, „der Sinn der vier heiligen Bücher (Tora, Psalter, Evangelium und Koran) liegt in einem *alif*", dem ersten Buchstaben des Alphabets, das gleichzeitig auf die Einheit und Einzigkeit Gottes hinweist (es ist der Anfangsbuchstabe von Allah) und darauf, daß Er der Eine ist (der Zahlwert des *alif* ist 1). Solche Bemerkungen sind in allen islamischen Sprachen typisch für die mystische Volksliteratur.

Erste sufische Weisheitsverse erschienen, soweit man sehen kann, in Zentralasien mit Ahmad Yesewis *Ḥikam,* Versen in seiner türkischen Muttersprache, die aus dem 12. Jahrhundert stammen, doch noch genauer Stilanalysen bedürfen. Sehr viel wichtiger für die türkische Tradition ist Yunus Emre (gest. ca. 1321), der Anatolien durchwanderte und in vielen seiner Gedichte volkstümliche Strophenformen und Versmaße statt der sonst üblichen arabisch-persischen Metrik verwendete; seine schlichten Lieder, die von Gottesliebe und Einsamkeit singen, aber auch hin und wieder das Gefühl kosmischer All-Einheit erklingen lassen, werden noch gern in der Türkei gesungen:

Bald weh ich, wie der Wind es tut,
bald staub ich, wie ein Weg voll Glut,
bald fließ ich, wie des Wildbachs Flut –
sieh, was die Lieb' aus mir gemacht ...

Yunus hatte zahllose Nachfolger in seiner schlichten Poesie, die manchmal auch ins Groteske und Paradoxe führen konnte; in seinen Gedichten findet man auch das Hadern mit Gott, das so typisch für viele liebesentrückte (und verrückte) Sufis ist. In ʿAttars Epen wird den Narren scharfe Kritik an Gott in den Mund gelegt, und bei Yunus und seinen Nachfolgern kommen kritische Bemerkungen über das Jüngste Gericht vor, das doch eigentlich des großen Gottes gar nicht würdig ist; wozu braucht Er, der Allwissende, denn eine Waage, um die Sünden zu wiegen? Er ist doch kein Krämer! Und noch immer kann man – nicht nur in einzelnen mystischen Gedichten, sondern auch in der Praxis anatolischer ‚Dorfheiliger' – finden, daß ein kecker Sufi „Gott die Zähne zeigt", wie ʿAttar sagt, das heißt, daß er aus seiner innigen Vertrautheit mit Ihm ohne Scheu zu Ihm spricht.

Etwas später als in der Türkei setzt die mystische Volkspoesie im indischen Subkontinent ein, wo das Urdu in seiner südlichen Form, dem Dakhni, im 16. und 17. Jahrhundert mystische Texte enthält, in denen die Formen des „Spinnradliedes“ und des „Mühlsteinliedes“ verwendet werden. Das Spinnen wird zum Symbol für den *dhikr*, das Gottgedenken, dessen Murmeln dem Summen des Spinnrades ähnelt, und je länger man den Baumwollfaden spinnt, desto feiner wird er – gleichermaßen wird das Herz immer feiner, je mehr der Fromme den *dhikr* übt, und Gott kann es dann am Ende des Tages zu einem hohen Preis kaufen (vgl. Sure 9, 111); die faule Seele jedoch, die den *dhikr*, das Spinnen, vernachlässigt, kann am Hochzeitstage (dem Tage des Todes), keine Aussteuer vorweisen und steht nackt und entehrt da. Solche Bilder konnten die Wichtigkeit des Gottgedenkens in so einfachen Worten ausdrücken, daß sie jedem klar wurde. Ähnelt nicht auch die göttliche Wesenheit der Baumwolle, die einfarbig weiß ist und aus der nun in der Schöpfung die verschiedensten Dinge, Stoffe und Garn und Kleider entstehen, die dem Auge die ursprüngliche Einheit verhüllen?

Der Griff des Handmühlsteins aber, mit dem die indische Hausfrau täglich das Mehl mahlt, gleicht dem geraden *alif*, und wie die Frau den Griff des Mühlsteins festhält, soll sie sich auch am Namen Gottes (für den das *alif* ja steht) festhalten und nicht locker lassen.

Andere mystische Volksdichter griffen für ihre Verse auf die alten Volkssagen ihrer Heimat zurück, und wie die Dichter der arabischen Welt die schönen Heldinnen der altarabischen Poesie, wie Salma oder Lubna, als Hinweise auf die ewige Schönheit benutzten, und wie die Dichter der persischen Kulturlandschaft von Laila und dem aus Liebe zu ihr verwirrten Madschnun sprachen, wie die gesamte klassische Tradition das Beispiel der liebenden Zulaicha anführt, deren Liebe zu Yusuf, dem Symbol der absoluten göttlichen Schönheit, Tausende von Malen in ihren Gedichten und Prosa-Abhandlungen verwendeten, so wurden die unglücklichen Liebenden der indo-pakistanischen Sagen in der Dichtung der Volkssänger von Sind und dem Pandschab zu Verkörperungen der Seele umgeformt – eine Entwicklung, die im 16. Jahrhundert beginnt. Da ist Sassi, die im „Schlaf der Nachlässigkeit" ihren Geliebten verloren hat und nun auf dem harten Weg durch Felsen und Wüsten nach ihm sucht, bis sie, ganz in Liebe verwandelt, mit ihm im Tode vereint wird; da ist Sohni, die ertrinkt, als sie zu ihrem Geliebten schwimmt; in der Pandschabi-Tradition sind es die unglücklichen Liebenden Hir und Randschha; doch vielleicht die schönste Darstellung der Seele ist das Dorfmädchen Marui in Sind, das von dem Fürsten entführt wird, sich ihm aber verweigert und nur in Sehnsucht nach ihrer Heimat lebt; sie wird zum Symbol der Seele, die sich nach der ewigen Heimat sehnt und sich nicht von der bunten Welt verführen läßt. Sie alle, und manche anderen, verkörpern die verschiedenen Aspekte der Suche, die durch unendliches Leiden endlich zur Erfüllung im Tode führt. Diese Dichtung, in der das Zentralmotiv des Sufismus, der Weg zum Geliebten, den man nur unter Aufbietung allen Mutes gehen kann, in immer wieder neuen Bildern und Weisen erscheint, ist bis heute im Volk lebendig geblieben. Und mehr als das: aus solcher frühen Lyrik hat sich dann im Laufe der Zeit auch eine nicht-mystische Poesie und danach eine nicht-religiöse Prosa entwickelt, wie es der Urdu-Gelehrte Maulvi Abdul Haqq schon vor Jahrzehnten gezeigt hat. So haben die Sufis eine höchst wichtige Rolle bei der Entwicklung der Literatur ihrer jeweiligen Region gespielt, und die Ideale, die sie verkündet haben, färben die Menschen in gewisser Weise noch immer, lehren sie Gottesliebe und Gottvertrauen.

7. Sufismus in moderner Zeit

Die Bezeichnung „Sufi", die hier und heute meist als Ehrenname ausgelegt und empfunden wird, wurde schon in alter Zeit in der islamischen Welt durchaus skeptisch betrachtet. Bereits in der Mitte des 10. Jahrhunderts klagte Sarradsch (gest. 988), dessen *Kitāb al-lumaʿ fi't-taṣawwuf* zu den wichtigsten Quellenschriften des frühen Sufismus gehört, daß alle Leute Bücher über sufische Themen schreiben und „die Leute des Sufismus sind nicht mehr da; der Sufismus wurde zur Gaukelei!" Ein Jahrhundert später stellt Hudschwiri fest, der Sufismus sei heutzutage ein Name, aber keine Realität, während er einst Realität war, aber keinen Namen hatte; denn „der Name existierte nicht, doch das wirkliche Wesen davon war in jedem". Das heißt, für Hudschwiri und seine Zeitgenossen war der ideale Muslim der Frühzeit die Verkörperung aller jener Tugenden, deren Träger man später mit einem besonderen Namen als „Sufis" bezeichnete. Und auch an anderer Stelle klagte Hudschwiri, daß in seiner Zeit „das wahre Wissen vom Sufismus verschwunden" sei. „Alle Menschen beschäftigen sich jetzt damit, ihren Lüsten zu folgen, und haben dem Pfad des Wohlgefallens den Rücken gekehrt, während die Theologen und diejenigen, die Gelehrte zu sein behaupten, sich eine Vorstellung vom Sufismus zurechtgemacht haben, die den ursprünglichen Prinzipien völlig entgegengesetzt ist." Das heißt, wie er an anderer Stelle bemerkt, man genieße die sufischen Tanzveranstaltungen und pflege die „Liebe zu den Unbärtigen".

So finden sich bereits in den ersten Jahrhunderten der islamischen Geschichte Aversionen gegen das Wort „Sufi" und den Begriff *taṣawwuf*, „Sufismus", und in der persischen Dichtung – wie etwa bei Hafiz (gest. 1389) – wird gern der Heuchler oder der trockene Asket als „Sufi" bezeichnet. Man zog es vor, diejenigen, die den Pfad der Mystik ernsthaft gingen, als *ʿāschiq*, „Liebender", oder *ʿārif*, „Wissender", zu bezeichnen, und der Begriff *ʿirfān*, „Erkenntnis", jene dem intellektuellen Wissen entgegengesetzte gottgebene Weisheit, wird in Iran im allgemeinen zur Benennung dessen, was man sonst gern *taṣawwuf* nennt. Die zentrale Rolle des *ʿirfān* wird auch jetzt in Iran und bei iranischen Gelehrten und „Wissenden" sehr stark betont.

Die den strengen Regeln der Orthodoxie häufig widersprechenden Sitten und Bemerkungen mittelalterlicher Sufis wurden oft angeprangert, und der Titel von Ibn al-Dschauzis (gest. 1200) *Talbīs Iblīs*, „Die Verkleidung des Teufels", enthält die scharfe Kritik eines strengen hanbalitischen Predigers nicht nur an den Sufis, sondern an allem, was ihm „unislamisch" in seiner Zeit erschien. Doch muß man fairerweise sagen, daß eine ganze Reihe der von ihm als kritikwürdig angesehenen Aktivitäten auf Gerüchten beruhen, wie sie sich im Dunstkreis der Hagiographie so oft bilden.

Auch zwischen den einzelnen Bruderschaften gab es durchaus unterschiedliche Auffassungen darüber, was nun der rechte Weg sei: Dschami hat in seinem langen epischen Gedicht *Silsilat adh-dhahab* (Die Goldkette) eine köstliche Szene geschildert, wie eine Sufi-Gruppe sich dem ekstatischen Tanz hingibt und sich dann mit größtem Appetit auf das – nicht ganz dem Religionsgesetz entsprechende – Essen stürzt, wobei jeder sich mit frömmelnder Miene den Bauch vollschlägt. (Das ist übrigens nicht das einzige Mal, daß man den hungrigen Sufis ihre Neigung zu gutem Essen, vor allem zu Süßigkeiten, vorwirft; Rumis Geschichte im *Mathnawī*, Band II, Zeile 514 ff., von den Sufis, die den Esel des Gastes verkauften, um dafür Süßigkeiten für eine Party zu kaufen, ist höchst amüsant). Dschami vergleicht solche sich nach außen als fromme Sufis gebärdende Menschen mit knoblauchgefüllten Mandelkuchen:

> Ein Mandelkuchenbäcker, der aus Ärger
> die Mandelküchlein mal mit Knoblauch füllte –
> Dann ruft des Kuchens äußre Form: „O wehe –
> was habe ich mit Knoblauchdunst zu schaffen?"
> Doch mit Geruch und Schmack erklärt die Füllung:
> „Seht her, das ist des Kuchens wahres Innres!"

Denn Sufismus ist nicht *taqlīd,* äußere Nachahmung irgendwelcher Sitten und Nachplappern „esoterischer" Ausdrücke, sondern *taḥqīq*, die „Verwirklichung", der Kontakt mit der wesentlichen Realität.

In seinem Epos stellt Dschami diesen auf Äußerlichkeiten bedachten, nach äußerem Erfolg und Genuß strebenden Sufis die Naqschbandis gegenüber, die bei aller Beschäftigung mit den Dingen des Alltags doch immer ihr Herz bei Gott haben, wie es die Ordensregel verlangt.

Gerade die „nüchterne" Naqschbandiyya hat sich oftmals kritisch über die anderen Orden und viele der Sufi-Meister und Prätendenten ausgesprochen. Die großen Meister des 18. Jahrhunderts in Delhi, wie Mir Dard und Schah Waliullah, scheuten sich nicht, viele ihrer Zeitgenossen als *karāmātfurūschān*, „Wunderhändler", zu bezeichnen, und in der Tat war und ist es ja entschieden einfacher, durch echte oder angebliche Wunder Menschen zu überzeugen und dadurch Ruhm und Anhänger zu gewinnen, als schweigsam den schweren mystischen Pfad zu gehen. „Wir sind Pirs; wir wissen, wie man die Leute beschwindelt", sagte mir einmal ein pakistanischer Pir, spöttisch und selbstkritisch.

Das bringt uns zum nächsten Punkt der jahrhundertelangen innerislamischen Kritik an einem Aspekt des Sufismus, zu dem nämlich, was der indo-muslimische Modernist Muhammad Iqbal als „Pirismus" bezeichnet. Damit meint er die absolute Macht, die manche Ordensführer über ihre armen und oft unwissenden Anhänger ausüben.

Seit alters wird der Gast in einem Sufi-Konvent mit Tee, Früchten und anderem bewirtet, kann am gemeinsamen Mahl teilnehmen und auch irgendwo im Gebäude schlafen; beim Abschied wird er morgens eine *nadhrāna*, eine Geldspende hinterlassen; denn das Amt des Pir stellt große finanzielle Anforderungen: Gäste müssen unterhalten werden, und die gesamten Vorbereitungen für die Jahresfeiern – und das ist Verpflegung für Tausende und Abertausende – sind ihm überlassen. Doch oft gingen fromme Spenden ein, und in vielen Fällen wurde dieses oder jenes Kloster von den jeweiligen Herrschern unterstützt. Die indischen Archive z. B. bewahren ungezählte Dokumente auf, in denen steuerfreie Ländereien oder andere Einkünfte für den einen oder anderen Heiligenschrein festgeschrieben sind. So wurden manche Pirs im Laufe der Jahrhunderte zu Großgrundbesitzern und Kapitalisten. Das gilt besonders für den indischen Subkontinent. Im säkularisierten Indien seit der Unabhängigkeit hat in den meisten Fällen die *auqāf*-Verwaltung, d. h. das Ministerium für religiöse Angelegenheiten und besonders für fromme Stiftungen, die Administration übernommen, wodurch einzelne *chānqāhs* schwere finanzielle Probleme haben und langsam verfallen.

Doch man kann sich kaum den Einfluß der Pirs auf die Bevölkerung vorstellen; für die armen, elenden Jünger irgendeines Meisters in Sind oder im Pandschab und wohl auch anderswo ist es eine Ehre, ihm auch das letzte Hühnchen, das mühselig ersparte Silberstück zu bringen, um dafür einmal von seinem segensreichen Blick getroffen, vielleicht sogar von seiner Anrede gewürdigt zu werden, seine Füße ehrfurchtsvoll zu berühren.

Diese Abhängigkeit der Bevölkerung oder zumindest eines beachtlichen Teiles gibt den Pirs eine gewaltige politische Macht, die sich im Verhalten der Menschen etwa bei Parlamentswahlen zeigt und so die politischen Konstellationen beeinflußt. So zentral die Rolle des echten Seelenführers im Sufismus ist – im Laufe der Jahrhunderte wurde die äußere Macht des Meisters immer größer, und als in vielen *ṭarīqas* das Amt des *sadschdschāda-nischīn* erblich wurde, vererbte sich oftmals die Macht und das Vermögen, aber nicht der wahre Geist. Und nicht selten rühmten sich Meister, als höchstes Glied der Heiligenhierarchie „jenseits von Gut und Böse" zu stehen, um dann Dinge zu tun, die dem Gesetz durchaus nicht entsprachen.

Doch auch hier muß man natürlich Positives und Negatives sehen: es gibt Ordensführer, die ihre Macht und ihr Vermögen dafür verwenden, das Erziehungswesen zu verbessern, indem sie z. B. auf dem umfangreichen Landbesitz des Klosters Schulen oder Ausbildungsstätten für junge Männer und junge

Mädchen einrichten; andere leisten durch landwirtschaftliche oder industrielle Unternehmen einen wichtigen Beitrag zur Volkswirtschaft.

Die verschiedenen Orden und Bruderschaften sind im allgemeinen offiziell wenig miteinander verbunden. Nur in Ägypten gibt es ein zentrales Amt für die Sufi-*ṭarīqas,* in dem über sechzig Bruderschaften organisiert sind, wodurch sie einen gewissen rechtlichen Status haben. In den meisten islamischen Ländern aber fehlt eine solche oberste Instanz. In einigen Gebieten – vor allem in Saudi-Arabien – sind keine Orden zugelassen, und das Thema „Sufismus" ist tabu. In der Türkei, wo Atatürk die *ṭarīqas* 1925 verbot, spielen sie in den letzten Jahren eine etwas merkwürdige Rolle – man weiß von ihren Aktivitäten, und einige (wie die Mevlevis oder die Dscharrahis) ziehen auch ausländische Interessenten an, aber „offiziell" werden sie nicht geführt.

Man darf nicht vergessen, daß eine Reihe moderner Bewegungen, die heute als „fundamentalistisch" bezeichnet werden, aus dem Sufi-Milieu stammen, denn die Pirs oder Scheichs hatten ja Erfahrung in der Organisation großer Menschenmengen und ihrer Ausrichtung auf ein religiöses Ziel; die hierarchische Struktur war vorgegeben, und damit konnten die Führer verhältnismäßig leicht jene Anhänger gewinnen, denen die Ideale des Islam am Herzen lagen, ohne daß man suspekte Gedanken und Praktiken, wie den Heiligenkult, übernahm. Nicht nur der Mahdi im Sudan (gest. 1885), der gegen Briten und Ägypter kämpfte, kam aus einem Sufi-Orden, der Sammaniyya, sondern auch Hasan al-Banna, der Begründer der in Ägypten und den Nachbarländern so aktiven *ichwān al-muslimīn*, „Muslim-Brüder", hatte vieles in seiner Organisation aus seiner Sufi-Herkunft gelernt, und Sufi-Traditionen sind ebenfalls bei Maududi, dem Gründer der *Jamaat-i Islami* in Pakistan, zu finden. Iqbal, der den Pirismus im Islam stark kritisiert hat ebenso wie den Mollaismus, die geistige Vorherrschaft engstirniger Theologen und Juristen, hat auch in seinem frühesten persisch verfaßten poetischen Werk, den *Asrār-i chūdī* (Geheimnisse des Selbst,

1915) eine scharfe Attacke gegen Plato und implizit die neuplatonische Mystik geführt und auch den Lieblingsdichter der Perser, Hafiz, nicht verschont: beide Angriffe wurden allerdings in späteren Auflagen des Werkes ausgelassen. Für den in England und Deutschland ausgebildeten Iqbal schien die neuplatonische Mystik gefährlich, lähmend; sie hindere den Menschen an der Entfaltung seiner Persönlichkeit, am aktiven, schöpferischen Leben. Und seine Kritik an der zauberhaften Poesie des Hafiz hat dieselben Gründe: „gefährlicher als die Horden Attilas und Dschingizchans“ schien ihm diese Dichtung, deren Verse Rosen, Nachtigallen und Wein besingen und die so den Leser in süße Träume wiegt, statt ihn für den Lebenskampf zu stärken. Doch im Grunde war Iqbal dem frühen voluntaristischen Sufismus tief verbunden, und die Art, wie er die Gestalt des Märtyrermystikers Halladsch benutzt, um seine eigenen Ideale – die Menschen aus dem „Schlaf der Nachlässigkeit“ zu wecken – zu zeigen, beweist, wie vertraut ihm die lebendige Kraft der frühen Sufis war. Daß er das poetische Werk Dschalaladdin Rumis aus den Kommentaren löste, die seit Jahrhunderten von Vertretern der Ibn-ʿArabi-Schule verfaßt worden waren, und dadurch seine schöpferische Liebe wieder in den Mittelpunkt stellte, sei am Rande erwähnt.

In den letzten Jahrzehnten haben sich im Westen die verschiedensten vom Sufismus beeinflußten oder aus ihm erwachsenen Bewegungen entwickelt.

Eine wichtige Gruppe sind die Vertreter der *philosophia perennis*, jener uralten Tradition, die das moderne säkularisierte Leben ablehnt. René Guénon ist hier an erster Stelle zu nennen, und der wichtigste Vertreter dieser Schule war der im Frühjahr 1998 hochbetagt verstorbene Frithjof Schuon, dessen Werke den starken Einfluß Ibn ʿArabis zeigen. Seine zahlreichen Bücher haben bei einer ganze Reihe Intellektueller Interesse am „theosophischen“ Sufismus erweckt und sind viel übersetzt worden. Auch die Werke Seyyed Hosein Nasrs stehen in dieser Tradition und bieten dem Sucher interessante Einblicke in das Denken eines als Naturwissenschaftler geschulten, in der persischen *'irfān*-Tradition tief verwurzelten modernen Universitätslehrers. Titus Burckhardt hat in seinen Büchern das Wesen islamischer Kunst, die geistige Schönheit einer Stadt wie Fes eingefangen. Ähnlich hat Martin Lings, lange Keeper der orientalischen Handschriften im British Museum, die islamischste aller Künste, die Kalligraphie, gewissermaßen transparent gemacht, und sein Werk über den Scheich al-'Alawi, ‚A Sufi saint of the Twentieth Century', beschreibt eine Gestalt, die auf eine ganze Reihe von Europäern und Amerikanern durch ihre exemplarische Frömmigkeit gewirkt hat; der Scheich, der in Algerien lebte, wo er 1934 starb, verkörperte die Ideale der Schadhiliyya in mustergültiger Weise.

Eine andere moderne Annäherung an den Sufismus führt über die Psychologie; Dr. Javad Nurbakhsh, der Leiter des in vielen westlichen Ländern verbreiteten Ni'matullahi-Ordens, war Professor der Psychiatrie an der Teheraner Universität, bevor er Iran nach der Revolution verließ. Seine zahlreichen Bücher geben eine gute Einführung in den Sufismus. Auch andere Sufi-Führer sind in moderner Psychologie geschult – in alter Zeit waren die Sufi-Meister ja ohnehin Heilkundige, die wußten, wie man die seelischen und die daraus entstehenden körperlichen Krankheiten heilen konnte.

Auf der anderen Seite des Spektrums stehen Werke von Idries Schah, dem man immerhin verdankt, daß das Wort „Sufismus" jetzt im Westen einigermaßen bekannt ist. Und im Laufe der letzten Jahrzehnte ist eine recht umfangreiche Literatur entstanden, die von Begegnungen mit Sufis, Erlebnissen auf dem mystischen Pfad, Bekehrungen und Erfahrungen in der vierzigtägigen Klausur berichten. Sie sind oft psychologisch interessant, doch zugleich etwas verwirrend, oft apologetisch. Aber man muß immer daran denken, daß es etwas anderes ist, eine Erfahrung tatsächlich „gekostet" zu haben und sie verständlich zu machen suchen, als die gleiche Erfahrung wissenschaftlich zu sezieren.

Eine besondere Rolle spielt der Sufismus auch in der modernen Literatur. Eine große Anzahl von Kurzgeschichten in allen Sprachen des islamischen Gebietes nimmt den Sufismus, meist in seiner niedrigsten Form: als Verehrung eines obskuren Heiligen, zum Thema, um daran Sozialkritik zu entwickeln. Das gilt für arabische, persische, türkische, Urdu- und Sindhi-Geschichten, deren Thematik oft austauschbar ist. Sufis in verschiedener Gestalt treten bei Naguib Mahfuz auf, und türkische Romane haben das Thema mehrfach aufgenommen – der kritische Bektaschi-Roman Yakub Kadris, *Nūr Bābā,* wurde schon erwähnt (s. S. 83); die Romane und Kurzgeschichten Samiha Ayverdis, der Leiterin eines Zweiges der Rifaʿiyya in Istanbul (gest. 1993), sind von Sufi-Idealen durchwoben, die sich freilich mit der Nostalgie nach den kulturellen Werten des Osmanischen Reiches verbinden; aber auch Orhan Pamuk, der jüngste erfolgreiche Romancier der Türkei, flicht Anspielungen auf Sufis, sufische Weisheiten und vor allem Träume in seine Romane ein.

Und für die Dichter der letzten Jahrzehnte war ein Rückgriff auf sufische Themen und Persönlichkeiten ein guter Weg, ihre religiösen Gedanken und dabei auch ihre Ablehnung des „verknöcherten gesetzlichen Islam" zu zeigen; man denke an die „Tragödie al-Halladschs"des Ägypters Salah Abdas Sabur (gest. 1984) und an die zahlreichen Anspielungen auf eben diesen „Märtyrer der Gottesliebe" in der Poesie aller islamischen Länder, in der er seit Jahrhunderten als Liebender erscheint, der um seiner Liebe willen von den gesetzestreuen Mollas getötet wird; der aber in den letzten Jahrzehnten zum Vorbild revolutionärer Helden wird, die gegen das Establishment kämpfen. Die gleiche Haltung unterliegt auch Dramen oder Gedichten, in denen andere Sufi-Märtyrer im Türkischen, Arabischen oder Urdu verherrlicht werden.

Ebenso wie indische Gurus in den letzten Jahrzehnten in Europa und Nordamerika Fuß faßten, verbreiten sich auch die Sufi-Meister und die verschiedensten Orden.

Es sind nicht nur die traditionellen Bruderschaften, sondern auch Gruppen, die sich um mehr oder minder charismatische Menschen sammeln. Ein besonders interessanter Fall war Bawa Muhayaddin, ein Weiser aus Sri Lanka, der seine Predigten in Tamil hielt und durch seine Ausstrahlung zahlreiche Menschen in Philadelphia und anderen Gegenden der USA angezogen hat, obgleich er, wie man sagt, keinen etablierten Orden vertrat.

In Deutschland sind die Naqschbandis stark vertreten, aber auch die Mevlevis, Qadiris und Burhamis wie auch Dscherrahis und Oveysis finden sich; manche von ihnen betreiben eigene Zentren, sei es in der Eifel oder in der Lüneburger Heide, in Trebbus in der Mark, in Österreich und anderswo. Dort werden Einführungskurse in *dhikr* oder in andere Themen gehalten und auch längere Klausuren ermöglicht. Die Schule für alt-orientalische Musiktherapie in Niederösterreich wird neuerdings viel und erfolgreich aufgesucht.

Denn orientalische Musik ist in den letzten Jahren besonders stark gepflegt worden, und dank den modernen Medien wie auch der größeren Mobilität der Menschen sind Konzerte von Sufi-Gruppen in Europa und Amerika keine Seltenheit mehr. Indo-pakistanische *qawwāli* (eigentlich die devotionale Musik an Heiligengräbern, vorzugsweise am Donnerstag abend, dem Vorabend des geheiligten Freitags, gesungen und gespielt) begeistert viele, besonders auch Jugendliche, und manche Sänger – wie der jüngst verstorbene Nusrat Fateh Ali Khan – wurden wirklich zu Stars. Neuartige Mischungen zwischen der meist sehr stark rhythmisch bestimmten Sufi-Musik und moderner westlicher Musik entstehen ständig. Und der *sema*ʿ der Mevlevis findet immer wieder begeisterte Zuschauer, sei es in Boston, Zürich oder in Avila – selbst wenn der in Sufi-Tradition Geschulte die feinen Unterschiede zum klassischen *sema*ʿ erkennt, an dem niemals Frauen teilgenommen hätten, wie es heute in amerikanischen Mevlevi-Gruppen der Fall ist.

Die Medien machen es möglich, die verschiedensten Aspekte des Sufismus zu verbreiten; prachtvolle Photographien von Sufi-Aktivitäten oder Porträts führender Meister, künstlerische Filme, die das Leben in diesem oder jenem Teil der islamischen Welt zeigen, und Darstellungen im Internet machen den einst so geheimnisvollen Sufismus für alle zugänglich.

Man fragt sich verwundert, wie es denn mit der Geheimhaltung des letzten Mysteriums ist – galt nicht das *ifschā' as-sirr,* das Publikmachen des Geheimnisses, bei den Mystikern als schwere Sünde? – Und selbst wenn man das allerletzte Geheimnis nicht aussprechen kann – wer garantiert, daß die durch die Medien verbreiteten Informationen nicht auch negativ ausgedeutet oder gefährlich für einen Menschen sein können? Der große indische Meister Schah Waliullah schrieb in der Mitte des 18. Jahrhunderts: „Die Bücher und Traktate der Sufis mögen zwar für die Auserwählten eine Alchemie mit wundervoller Wirkung sein – aber für die gewöhnlichen Menschen sind sie tödliches Gift."

Aber andererseits mag ein moderner Sufi die neuesten technischen Möglichkeiten wunderbar finden: 1998 strahlte mich ein junger pakistanischer Sufi an, es sei doch herrlich: früher habe der Meister seine geistige Kraft aufgeboten, um über weite Entfernungen mit seinem Jünger geistig in Kontakt zu treten, und jetzt sei es so einfach dank dem Handy, den Video-Kassetten und mit e-mail ...

Zahlreiche Zeitschriften werden von Sufi-Gruppen publiziert; einige sehr schlicht, andere luxuriös mit feinen Farbbildern und Hinweisen auf die Aktivitäten in Sufi-Kreisen; auf Ausstellungen von Sufi-Kunst; Einladungen zu internationalen Kongressen über Maulana Rumi oder Ibn ʿArabi und vielen anderen Unternehmungen, so daß man kaum noch durch diese neue Selbstdarstellung der modernen Sufis blickt. Ja, wie Carl Ernst es einmal formuliert hat, gewisse Tendenzen gehen „zum Sufismus ohne Islam". Andere Gruppen dagegen, wie etwa die in Deutschland lebenden Naqschbandis, betonen ihren islamischen Charakter durch ihre Kleidung, wodurch sie Aufmerksamkeit auf sich ziehen. Wie sich diese Bewegungen entwickeln werden, ist nicht vorauszusehen.

Wir wissen nicht, wie die Sufis des Mittelalters Gläubige angezogen haben, beobachten aber die mannigfaltigen Formen und Farben des „Sufismus" in unseren Tagen und vor allem auch in unseren Breiten mit Aufmerksamkeit. Und hin und wieder fällt einem der arabische Vers ein, mit dem

Quschairi (gest. 1074) die Veränderungen des Sufismus schon in seiner Zeit kommentierte:

> Die Zelte, ja – das sind wohl ihre Zelte;
> die Frauen doch sind nicht die ihres Stammes!

Epilog

Qutub Mian saß auf dem kleinen, etwas wackligen Holzbalkon seines Hauses im Hofe des Heiligtums von Schah Chamusch, „dem Schweigenden“, und im quirligen, lärmenden Verkehr des Stadtzentrums von Hyderabad/Dekkan war es in der Tat eine Oase der Ruhe.

Qutub Mian trug das lange zimtfarbene Gewand der Tschischti-Sufis, das im sinkenden Nachmittagslicht kupfergolden schimmert, und sein Gesicht leuchtete von innen, während er uns in die Geheimnisse des *iḥsān,* des dritten Aspektes des wahren Islam, einführte. Hatte nicht der Prophet Muhammad vom Engel Gabriel erfahren, daß es drei Stufen des Glaubens gebe, die im Koran angedeutet waren? *Islām*: das ist das äußere Annehmen der Religion, das sich in den Werken des Gehorsams zeigt, selbst wenn das innere Fürwahrhalten noch nicht erreicht ist; *īmān*, der Glaube – Glaube an Gott, Seine Bücher, Seine Gesandten, den Jüngsten Tag und die Vorherbestimmung; und schließlich *iḥsān.*

„Das Wort kommt von der arabischen Wurzel *ḥasan*, ‚schön‘, und bedeutet“ – so sagte er –, „alles so schön und gut wie möglich zu machen. Denn wenn du Gott auch nicht siehst, ist Er doch in jedem Augenblick gegenwärtig und weiß und sieht, was immer du denkst und tust. Tu deshalb alles in der schönstmöglichen Art!“ So belehrte er uns in langen, melodiösen Urdu-Sätzen und schien selbst eine Verkörperung dieses letzten Grades, der, wie manche meinen, den wahren Sufi kennzeichnet.

Ich hatte Qutub Mian wenige Tage zuvor in der Jamia Nizamia getroffen, der letzten traditionellen theologischen Hochschule in Hyderabad, in der Studenten nach dem jahrhundertealten Syllabus ausgebildet werden und die eine vorzügliche Bibliothek besaß. Die rund 400 Studenten, hager und großäugig, die ein schönes, aber sehr antiquiertes Arabisch sprachen, waren sicherlich nur von ihrem Glauben getragen, wenn sie sich für ein solches Studium an einer islamischen

Hochschule entschlossen, da sie kaum auf eine Anstellung im säkularistischen Indien hoffen konnten – es sei denn als Prediger oder Imame. Qutub Mian, ein pensionierter hoher Finanzbeamter, war der Präsident der Medrese, in der die alten Tschischti-Ideale absoluten Gottvertrauens herrschten und in der er 1 Rupie Monatsgehalt bezog. Wiederum wenige Tage später sah ich Qutub Mian bei einem Hauskonzert sufischer Musik, dem er, zusammen mit einem anderen Sufi, lauschte. Die langen und weiten Ärmel seiner Kutte bewegten sich im Takt, wie Flügel, und sein Gesicht zeigte jenen verzückten Ausdruck, den man manchmal auf mittelalterlichen Heiligenbildern sieht. Hier lebte er seinen *īmān*, seinen tiefen Glauben an Gott und Seine Weisheit und sein Vertrauen darauf, daß Er von allen Wesen gepriesen und angebetet wird, in welcher Form das auch sei.

An jenem Spätnachmittag aber am Mausoleum des „schweigenden Meisters", dessen Nachfolger er war, erlebten wir Qutub Mian als Menschen, der das *iḥsān*, die Verinnerlichung jeden Strebens, uns nicht nur verbal nahebrachte, sondern es durch sein ganzes Wesen leuchten ließ.

Das war, so glaube ich, die Quintessenz dessen, was die Sufis durch die Jahrhunderte gesagt und, mehr noch, praktiziert hatten. ʿAbdallah-i Ansari von Herat hat die Sufis vor mehr als neun Jahrhunderten beschrieben als Menschen, „die nie im Dickicht des Neides verstrickt sind, deren Gewänder der Hingabe nie vom Staub der Triebseele beschmutzt, deren Augen nie vom Rauch der Eigenliebe getrübt sind. Sie sind Könige auf dem Pfad der Armut, engelhaft in menschlicher Gestalt, und schreiten würdevoll ihres Weges …"

Jeder meiner Sufi-Freunde zwischen San Francisco und Kuala Lumpur, in der Türkei und im Sudan, im indo-pakistanischen Subkontinent und in Usbekistan, in Kairo und in Iran verkörpert einen anderen Aspekt des Sufismus, und ich wage nicht, eine alles umfassende Formel zu finden. Ist es, wie Dr. Javad Nurbakhsh, der Leiter des Niʿmatullahi-Ordens, sagt, „der Weg, Humanität zu lernen?“ Oder sollten wir, wie so oft, die Antwort bei Dschalaladdin Rumi finden, der sagt:

> „Was ist Sufismus?“ Er sprach: „Freude finden
> im Herzen, wenn die Zeit des Kummers kommt.“

Bibliographische Hinweise

Fast jedes der erwähnten Bücher hat eine ausführliche Bibliographie, so daß der Leser sich leicht weiter orientieren kann.

Addas, Claude: Quest for the Red Sulphur. Cambridge, 1993. Biographie Ibn ʿArabis.

Andrae, Tor: In the Garden of Myrtles. Albany NY: SUNY, 1987. Studien über den frühesten Sufismus.

Chittick, William C.: The Sufi Path of Knowledge. Albany NY: SUNY, 1989. Grundlegende Einführung in Ibn ʿArabis Gedankenwelt. Sämtliche Arbeiten Chitticks sind vorzügliche Einführungen in Ibn ʿArabi und die von ihm beeinflußten Strömungen.

Corbin, Henry: Die smaragdene Vision (Original: L'homme de lumière dans le Soufisme iranien), Köln 1989. Alle Werke Corbins führen in den spezifisch iranischen Sufismus und die Sufi-Philosophie ein.

Ernst, Carl: The Shambhala Guide of Sufism. Boston 1997.

Gramlich, Richard: Die schiitischen Derwischorden Persiens. 3 Bände, Wiesbaden 1965–1981. R. Gramlich hat eine Anzahl klassischer Sufi-Texte übersetzt, so Sarradschs *Kitāb al-lumaʿ* (Schlaglichter auf das Sufitum), Suhrawardis *ʿAwārif al-maʿārif* (Gnadengaben der Erkenntnisse), Die Lehre von den Stufen der Gottesliebe (aus al-Ghazzalis *Iḥyāʾ ʿulūm ad-dīn*) und zahlreiche andere grundlegende Texte.

Hujwīri, ʿAli ibn Othman al-Jullabi: *Kashf al-mahjūb*. The oldest Persian Treatise on Sufism, tr. Reynold A. Nicholson. London-Leiden 1911 und öfter.

Massignon, Louis: La Passion d'al-Hosayn ibn Mansour al-Hallaj, martyre mystique de l'Islam. 2 Bde. Paris 1922. Diese Auflage ist lesbarer als die 1967 erschienene vierbändige Neuauflage, die auch in englischer Übersetzung durch Herbert Mason, Princeton NJ, zugänglich ist (1982). Alle Werke Massignons kreisen um Werk und Wirkung des „Märtyrers der Liebe".

Meier, Fritz: Vom Wesen der islamischen Mystik, Basel 1943. Alle Werke des Schweizer Gelehrten über den Sufismus sind zu empfehlen, so seine Studien über Nadschmaddin Kubra, über Abū Saʿid-i Abu'l-Ḫair, über Baha-i Walad sowie seine Aufsätze, gesammelt in „Bausteine", 3 Bde., Wiesbaden 1992.

Nurbakhsh, Dr. Javad: Leiter des Niʿmatullahi-Ordens, hat in den letzten Jahren eine große Anzahl von Einführungen in Aspekte des – besonders persischen – Sufismus veröffentlicht, die meisten davon sind auf englisch, einige auch auf deutsch zugänglich.

Nwyia, Paul: Exégèse coranique et langage mystique. Beirut 1970. Nwyias Studien betreffen in erster Linie die frühe arabische Sufi-Tradition.

Popovic, Alexandre, und Gilles Veinstein: Les Voies d'Allah. Paris 1996. Eine gute Übersicht über die Sufi-Orden und ihre Wege und Ziele.

Ritter, Hellmut: Das Meer der Seele. Gott, Welt und Mensch bei Farid-addin ʿAttar. Leiden 1954, 1979². Die beste Einführung in das Werk ʿAttars und der persischen mystischen Dichtung. Ritters zahlreiche Aufsätze zur Sufik und zur Handschriftenkunde sind unverzichtbar.

Schimmel, Annemarie: Mystische Dimensionen des Islam. Köln 1985 und öfter.

dies.: Ich bin Wind und du bist Feuer (Leben und Werk Dschalaladdin Rumis). Köln 1978 und öfter.

dies.: Gärten der Erkenntnis. Das Buch der vierzig Sufi-Meister. Köln 1983 und öfter.

dies.: „Bedrängnisse sind Teppiche voller Gnaden" (Übersetzung von Ibn ʿAtāʾ Allahs *Ḥikam*). Freiburg 1987 – sowie zahlreiche andere Werke zur Mystik und Übersetzungen arabischer, persischer und indo-muslimischer Sufiliteratur wie ʿAttar, Vogelgespräche (1999), und Rumi, Yunus Emre, Mir Dard u. a.

Unter den älteren Autoren können vor allem die Werke R. A. Nicholsons empfohlen werden. Auch A. J. Arberry hat eine Reihe wichtiger Werke übersetzt. Die türkische mystische Tradition ist oft von H. J. Kissling bearbeitet worden, die indo-muslimische von Paul Jackson, Bruce Lawrence und Carl Ernst. Unter den deutschen Gelehrten seien Gerhard Böwering und Bernd Radtke erwähnt; für die Ibn-ʿArabi-Tradition sind neben W. Chittick vor allem Michel Chodkiewicz und James Morris zu nennen.

Verzeichnis der zitierten Koranstellen

Glossar

abdāl, vierzig Heilige in der Hierarchie der Gottesfreunde

ʿabduhu, „Sein (Gottes) Diener", höchster Rang, den der Mensch erreichen kann, da der Prophet im Koran zweimal bei der Andeutung seiner höchsten Erfahrung so angeredet wurde (Sure 17, 1; Sure 53, 10)

abrār, sieben Heilige in der Hierarchie der Gottesfreunde

achyār (aḫyār), 300 Heilige in der Hierarchie der Gottesfreunde

ahl aṣ-ṣuffa, „Die Leute der Vorhalle", arme Fromme, die im Vorhof von Muhammads Haus in Medina lebten

aḥmad, „hochgelobt", Name Muhammads

ʿālam al-ghaib, die Welt des Verborgenen; – *al-mithāl,* die Welt des Imaginalen zwischen der unsichtbaren und der sichtbaren Welt; – *aschschahāda (aš-šahāda),* die sichtbare Welt

alif, erster Buchstabe des arabischen Alphabetes, Zahlwert 1; senkrechter Strich, daher auch Symbol für den schlanken Geliebten

Allāh, „Gott", der wesenhafte, allumfassende Name Gottes

amr, göttlicher Befehl

anā Aḥmad bilā mīm, „Ich bin Ahmad ohne das *m*", angebliches außerkoranisches Gotteswort: nimmt man *m* (Zahlwert 40) aus *aḥmad,* bleibt *aḥad,* „Einer".

anā'l-ḥaqq, „Ich bin die Absolute Wahrheit = Gott", Ausspruch al-Halladschs, der ein Grund für seine Hinrichtung wurde

arbaʿīn, die vierzigtägige Klausur, persisch *tschilla*

ʿārif, Gnostiker, Wissender, Sufi

ʿāschiq (ʿāšiq), Liebender, Sufi

auliyā (Plural von *walī*), „Freund", speziell „Gottesfreund"

auqāf (Plural von *waqf*), fromme Stiftungen, die steuerfrei waren

autād (Plural von *watad,* Pflock), vier Heilige in der Hierarchie der Gottesfreunde

āyāt, Zeichen (Gottes), Koranverse

barzach (barzaḫ), Zwischenwelt; Limbo, wo sich die Gegensätze treffen

basṭ, Ausdehnung, Gefühl der allumfassenden Freude

bhakti, Liebesmystik im späteren Hinduismus

burda, der gestreifte jemenitische Mantel des Propheten, den er dem Kaʿb ibn Zuhair als Zeichen seiner Vergebung überwarf; der kranke ägyptische Dichter al-Busiri träumte, der Prophet werfe seine *burda* über ihn, und erwachte geheilt. Daher wird sein Dankgedicht *qaṣīdat al-burda* genannt.

chalq (ḫalq), Schöpfung

chalwat dar andschuman (ḫalvat dar anǧuman), „Einsamkeit in der Menge"; Gebot, auch bei jeder äußeren Beschäftigung im Herzen Gottes zu gedenken; typisches Ideal der Naqschbandiyya

chānqāh (ḫānqāh), großer Sufi-Konvent

chirqa (ḫirqa), der Flickenrock der Sufis

dard, Schmerz, notwendig zur Vervollkommnung

dargāh, Fürstenhof, Sufi-Konvent

derwisch, „der Arme", oft wandernder Sufi, oder allgemein Sufi

dhikr, Gottgedenken, vieltausendfache Wiederholung eines Gottesnamens oder einer religiösen Formel, meist mit Atemkontrolle

dschabarūt (ǧabarūt), Welt der Gottesmacht, wo die Erzengel lokalisiert sind

durūd, Segenssprüche über den Propheten

fanā, Entwerden; fanā fi'Llāh – in Gott; *fanā fi'r-rasūl* – im Propheten, höchste Stufe im späteren Sufismus

faqīr, der Arme, Derwisch

faqr, Armut, Zustand des Menschen gegenüber dem all-reichen Gott; *faqrī fachrī (faḫrī)* „Meine Armut ist mein Stolz", dem Propheten zugeschriebenes Wort

futūḥ, freiwillige Gaben

ghaflat, Nachlässigkeit; schwere Sünde für den Sufi

h letzter essentieller Buchstabe des Namens *Allāh*

ḥadīth, Wort des Propheten Muhammad, Bericht über seine Handlungsweise; *ḥadīth qudsī,* außerkoranisches Gotteswort

hāhūt, höchste Stufe innerhalb des unergründlichen Gottes

ḥāl (Pl. *aḥwāl*), „Zustand" des Sufis, vorübergehend

hama ūst (pers.), „Alles ist Er", Ausdruck der Überzeugung, daß nichts als Gott wahrhaft existiert *ḥaqīqa muḥammadiyya,* die „Muhammad-Realität", das erste, was Gott erschuf

ḥizb, Litanei; *ḥizb al-baḥr,* „Meereslitanei", Schutzformel für Seereisen

ḥurūfī, Strömung in Iran und in der Türkei, die den Buchstaben eine zentrale Stellung gibt und kabbalistische Formeln und Bilder verwendet

huwiyya, göttliche Ipseität

hū, „Er"

ifschā' as-sirr (ifšā'), Kundmachen des Mysteriums, offen vom Geheimnis der liebenden Gotteseinigung sprechen; für die Sufis eine schwere Sünde

iḥsān, alles so gut wie möglich und auf schönste Weise tun

imām, Vorbeter, Leiter der Gemeinde

īmān, Glaube an das Offenbarte

insān kāmil, Vollkommener Mensch; der Prophet Muhammad

'irfān, nicht-intellektuelles Wissen; in Iran: Sufismus

īschān (īšān), „sie", „jene", Ehrenbezeichnung für Sufi-Meister in Zentralasien

islām, Hingebung an Gottes Willen

karāmāt, Huldwunder, von Gottesfreunden gezeigt, während *mu'ǧiza* das den Propheten vorbehaltene Beglaubigungs-Wunder ist. – *karāmāt furūšān,* „Wunderverkäufer"

kathrat al-'ilm, „Vielheit des Wissens", in der Mannigfaltigkeit der geschaffenen Welt manifestiert

lā ilāha illā 'Llāh, „Es gibt keine Gottheit außer Gott (Allah)", erste Hälfte des Glaubensbekenntnisses

lāhūt, Gottheit

laulāka, „Wenn du nicht wärst (hätte Ich die Welt nicht geschaffen)", Gottes Anrede an den Propheten, um dessentwillen alles erschaffen ward

machdūm (maḫdūm), „dem gedient wird"; Ehrentitel für Sufi-Führer in Indo-Pakistan

mahdī, „der Rechtgeleitete", wird nach dem Volksglauben am Ende der Zeiten aus der Familie des Propheten erscheinen und durch seinen Kampf gegen den Widersacher die Welt mit Gerechtigkeit erfüllen, ehe das Jüngste Gericht beginnt

malakūt, Welt der Geister und Engel

malāmatī, jemand, der Tadel auf sich ziehen will, um dadurch seinen im Geheimen praktizierten Glauben rein zu erhalten

malfūẓāt, Aussprüche der Sufi-Meister, Geschichten über ihren Umgang mit Menschen, entstanden in Indien im 14. Jh.

maqām, Standort, auf dem sich der Sufi längere Zeit befindet, im Gegensatz zum flüchtigen *ḥāl;* auch: Gedenkstätte

marabut, aus *murābiṭ*, „Bewohner einer Grenzfestung", in Nordafrika daher Sufi-Meister

mard, „Mann", Gottesmann, wobei *mard* auch auf die Frau angewandt wird, die auf Gottes Wegen geht

mathnawī, Gedicht in zweizeiligen reimenden Versen; typisch für Lehrgedichte und romantische Epen in den nicht-arabischen Sprachen. Das *Mathnawī:* Rumis persisches Lehrgedicht

maulid, Geburtstag, Gedenkfest für Gottesfreunde (im arabischen Bereich)

miʿrādsch (miʿrāǧ), „Leiter", Himmelsreise des Propheten, Vorbild für die Seelenreisen der Sufis

mulk, das Reich der materiellen Wesen

munādschāt (munāǧāt), vertrautes Gespräch, persönliches Gebet

murīd, „der etwas will" (nämlich den Pfad betreten); Jünger

murschid (muršid), Führer auf dem mystischen Pfad

nadhrāna, Opfergabe, meist als Dank für Gastfreundschaft oder seelische Hilfe im Sufi-Konvent

nafas ar-raḥmān, der „Odem des Barmherzigen", den Muhammad aus Jemen kommend gespürt haben soll, als er von dem frommen Uwais al-Qarani hörte; auch: schöpferischer Odem Gottes

nafs, Seele, – *ammāra (biʾs-sū)*, „zum Bösen anreizend" (Sura 12, 53), – *lawwāma*, „tadelnd" (Sure 75, 2), *muṭma' inna*, „im Frieden", (Sure 89, 27–28). Aus diesen drei koranischen Worten entwickeln die Sufis ihre Psychologie.

nuqabā (Plural von *naqīb)*, drei Heilige in der Hierarchie der Gottesfreunde

Pīr, Ordensmeister; Pirismus, Haltung der dem Meister blind vertrauenden Massen

qabḍ, „Zusammenpressung", „Dunkle Nacht der Seele"

qalandar, frei umherschweifender Derwisch, der sich Kopf- und Gesichtshaar rasiert *qawwālī,* Sufi-Musik, an Heiligengräbern entwickelt, jetzt weitgehend in Indien und Pakistan gepflegt

qayyūm, der die Welt regierende oberste Heilige

quṭb, „Pol, Achse"; Rang des obersten Gottesfreundes

razzāq, ar-, „Ernährer", einer der 99 Schönsten Namen Gottes

ribāṭ, Grenzfestung, im westlichen Islam Sufi-Zentrum

riḍā, „Wohlgefallen", Zufriedenheit

sadschdschāda (saǧǧāda), Gebetsteppich, Sitz des Pirs; *saǧǧādanīšīn,* „der auf dem Gebetsteppich sitzt", Nachfolger eines Meisters

ṣafā, Reinheit

ṣalawāt-i scharīfa (šārīf), Segenssprüche über den Propheten

samā', sema' (türkisch), „Hören", Musikveranstaltungen der Sufis, mystischer Reigen

schab-i 'arūs (šab-i 'arūs), „Hochzeitsnacht", Gedenktag an den Tod eines Gottesfreundes

schadschara (šaǧara), „Baum", geistiger Stammbaum eines Sufis

schaṭḥ (šaṭḥ), theopathischer Ausspruch; in der Ekstase geäußerte Paradoxa

scheich (šaiḫ), Meister

schi'r (ši'r), Gedicht

Sīmurgh, Wundervogel, Symbol des Göttlichen, lebt am Ende der Welt

subḥānī, „Preis sei mir – wie groß ist meine Majestät!" Ausruf von Bayazid Bistami; typischer *schaṭḥ*

ṣūf, „Wolle"

tabarrukan, „um des Segens willen"

Ṭāhā, Name von Sure 20, auch Name Muhammads

taḥqīq, Realisation, echte Erfahrung

ṭā'ifa, organisierte Sufi-Gruppe

taqlīd, Nachahmung einer Meinung oder Haltung

ṭarīqa, „Weg", der Sufi-Pfad, Bruderschaft

ṭarīqa muḥammadiyya, der Muhammad-Pfad, mehrere Sufi-Bewegungen, die sich ganz auf die Nachahmung des Propheten konzentrierten und im 18. und 19. Jahrhundert vielfach gegen den Kolonialismus kämpften *tawakkul,* „Gottvertrauen"

tekke (türkisch), Derwischkonvent

tschilla (čilla), vierzigtägige Klausur, *arbaʿīn; – maʿkūsa* sich an den Füßen aufhängen und so die Klausur durchführen

ummī, „des Lesens und Schreibens unkundig", wie der Prophet in Sure 7, 157–158 genannt wird (wobei die genaue Übersetzung des Wortes nicht klar ist); daher haben sich auch Sufi-Dichter gern als *ummī* bezeichnet, da ihre Inspiration nicht von gelehrten Büchern abhing

vedānta, die mystische Grundlage des Hinduismus

waḥdat al-wudschūd (wuǧūd), Einheit des Seins, Gottes absolute Einheit, die der Vielheit des Geschaffenen, *kathrat al-ʿilm,* gegenübersteht. Oft als Pantheismus oder Seins-Monismus übersetzt.

walī, Freund, „wer unter dem Schutz eines anderen steht"; Plural *auliyā,* Gottesfreund, „Heiliger"

waraʿ, „peinliche Gewissenhaftigkeit"

wudschūd (wuǧūd), „Sein, Existenz", eigentlich: „finden, gefunden werden"

Yāsīn, Sure 36, Beiname des Propheten

zāwiya, Klause, kleines Sufi-Zentrum

Register

Die wichtigsten Eigennamen
mit Sterbeort